Christiane Gohl

Powerbook für Mädchen *Pferde*

Christiane Gohl

Powerbook für Mädchen
Pferde

Pferde
Mode
Erste Liebe
Fit & Trendy

Kosmos

im Powerbook

Wenn Pferdeträume wahr werden ... Megastarke Tips für noch mehr Spaß mit Pferden!

Was Pferde witzig finden

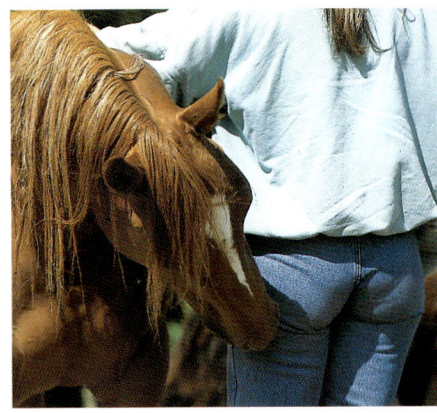

Horsy Outfits für jede Gelegenheit – das reißt die Boys vom Sattel! Außerdem: Make-up und Hair-Styling – step by step.

Pferde & Mädchen – eine starke Beziehung
- Gesucht & Gefunden   6
- Pferde & Mädchen – Verbotene Liebe?
- Traumpferd gesucht!

Trendy im Sattel
- Horsy Outfits für jeden Tag   16
- Western Dreams
- Outdoor-Outfits – Reiten bei Wind und Wetter
- Schick gekleidet fürs Turnier

Der große Partnerschaftstest
- Wie gut kennst du dein Lieblingspferd?   26
- Erkennst du deinen Reittyp?
- Paßt ihr zwei zusammen?

Horsy, fit & beauty
- Pferde, Stroh und Wimperntusche ...   34
- Pony oder Pferdeschwanz?
- Frisuren, horsy gestylt
- Locker vor dem Reiten – Reitgymnastik
- Unter uns gefragt ...

Menschen & Pferde
- Wenn die Eltern Streß machen   46
- Eine Fünf in Mathe ...
- Marathon zum Stall
- Verliebt in den Reitlehrer
- Und vieles mehr ...

Dein Reitlehrer – Kavallerist oder Pädagoge
- Der große Reitlehrertest   **56**

Alles horsy, oder was?
- Horsy Girls und ihre Freunde   **60**
- Jungs im Reitstall – selten ein Megahit!
- Horsy Girls & ihre Boys

Futtern wie ein Pferd
- Die Jagd nach der Idealfigur   **68**

Eine neue Liebe für Sarah?
- LoveStory   **72**

Horsy Days
- Traumferien   **78**
- Fun im Verein
- Pferde, Reiten, Geld verdienen

Zorro reitet immer noch
- Schaureiten, Kunstturnen, Damensattel …   **86**

Was steht in den Sternen?
- Horoskop für Reiterin und Pferd   **90**

Stay horsy!   **94**

Ohne Moos nix los!
Was tun gegen chronischen Geldmangel, Elternstreß und anderen Trouble?

Traumboy für Horsy Girl gesucht!
Wo sind nur die Prinzen auf den weißen Pferden?

Pferdige Ferien, Ausritte und Feten.
Jede Menge Fun inbegriffen!

Mädchen und Pferde, das ist immer eine starke Beziehung. Pferde können Freunde sein, Partner, Vertraute. Deshalb ist Reiten nicht einfach ein Sport, sondern ein starkes Gefühl. Aber natürlich ist auch das Leben von Horsy Girls nicht immer ein reines Zuckerschlecken. Ihr habt Fragen und Probleme rund ums Reiten, euer Traumpferd, euer Outfit, den Reitstall und vieles mehr.

Auf den nächsten Seiten findet ihr die Antwort auf alle Fragen, die euch auf den Nägeln brennen.

Pferde & Mädchen
eine starke Beziehung

Gesucht

Katharina, 13
Liebe auf den ersten Blick!

Als ich Benjamin zum ersten Mal gesehen habe, hat es sofort gefunkt! Ich wußte, dies ist mein Traumpferd, und ich glaube, er fand mich auch gleich sympathisch. Auf jeden Fall wollte ich nur noch zu ihm gehen und ihn anfassen, kraulen – und reiten! Bis das klappte, hat es dann aber noch ein bißchen gedauert. Seine Besitzerin war neu im Reitstall, sie kannte mich ja gar nicht. Man kann schließlich nicht hingehen und sagen: „Hallo, Ihr Pferd und ich haben uns gerade verliebt!" Heute habe ich eine Reitbeteiligung an Benjamin, und wir sind einfach ein Traumpaar!

Ronja ist mein Lieblingspferd, weil sie so aufmerksam ist ... gar nicht so abgestumpft wie die anderen Schulpferde, sondern immer wach und munter. Ich finde, sie sieht wie ein echter Araber aus, mit ihrem schönen, zarten Kopf und ihrer langen, weißen Mähne.

Märchenfreund mit Zaubermähne
Miriam, 15

Manchmal, nach der Reitstunde, schleiche ich mich zu Ronja in die Box und schmuse mit ihr. Am schönsten ist es, wenn sie mit ihrer weichen, sanften Oberlippe durch mein Haar fährt.
Wenn ich mal ein eigenes Pferd habe, dann muß es genauso lieb und aufgeweckt sein wie Ronja. Ich weiß nicht, ob das jemals eintreffen wird. Wenn nicht, ist es auch nicht schlimm. Solange ich Ronja habe ...

& Gefunden

Julia, 15
Viel besser als Fury

Fiona ist mein eigenes Pferd, und am Anfang fand ich sie fast ein bißchen enttäuschend. Ich hatte immer von einem feurigen, schwarzen Hengst geträumt, und was kauft mein Vater? Ein altes Schulpferd! Na ja, wenigstens die Farbe hatte Fiona mit meinem Traumpferd gemeinsam – und ihr schwarzes Fell wurde immer glatter und glatter, je besser ich sie striegelte und fütterte. Auf einmal kriegte sie auch Temperament, und sie tänzelte nur so durch die Halle. Wenn ich uns im Spiegel sah, erkannte ich sie kaum wieder. Aber wirklich verliebt habe ich mich erst an dem Tag, als sie mich zum ersten Mal richtig begrüßte!
Sie stand auf der Weide und trabte wiehernd auf mich zu. Meine Fiona ...

Charlotte, 14
Frechheit siegt!

Wenn ich jemals ein eigenes Pferd hätte, müßte es ein Pony sein wie Tobby. So lieb und anhänglich – aber auch klug und ein bißchen frech! Tobby kann Türen aufmachen und unter Zäunen durchrobben. Er verschleppt Putzzeug und findet jedes Leckerli mit traumhafter Sicherheit. Beim Reiten ist er immer vorneweg. Er springt und galoppiert wie ein kleiner Gummiball. Leider sehe ich Tobby nur in den Ferien. Er lebt auf dem Ponyhof neben dem Haus meiner Oma. Wenn ich Reitstunden habe und mein Schulpferd Runde um Runde durch die Halle treiben muß, träume ich oft von einem Ausritt mit Tobby.

Pferde & Mädchen

Jungs stehn auf Autos und Computer, Mädchen auf Pferde – ein Naturgesetz? Wenn man sich im Stall umsieht, könnte man es glauben. Schließlich sind die Jungs hier echt dünn gesät. Und auch in den Pferdeberufen haben die Mädchen längst die Nase vorn. Warum das so ist? Jeder hat sich dazu eine Meinung gebildet. Hier ist eine Auswahl der Vorurteile, die nicht auszurotten sind.

„Pferde und Reiten – das ist das wahre Gefühl von Freiheit und Abenteuer. Jahrhundertelang war Frauen diese Erfahrung verwehrt. Und jetzt holen sich die Mädchen ihr Recht."

Verbotene

Der Duft von Freiheit und Abenteuer

Stimmt schon: Rauschende Galoppaden durch taunasse Wiesen oder am Strand entlang sind das größte!
Aber wenn es nur um die Geschwindigkeit ginge oder darum, sich den Wind um die Nase wehen zu lassen, dann könnten die selbstbewußten Girls von heute auch Motorrad fahren.

Ein Pferd zum Knutschen

„Pferde sind für die Mädels doch nur große Kuscheltiere. Die lassen sich die stundenlangen Knuddeleien eben gefallen. Aber kaum verlieben sich die Mädels in einen Typ, sind die Pferde abgemeldet."

Das passiert echt ständig. Viele Mädchen geben das Reiten auf, sobald sie sich in einen Jungen verliebt haben. Aber was ist mit all den anderen? Die sind doch deshalb nicht unnormal!

„In dieser Männerwelt haben Mädchen nicht viel zu sagen. Meist bestimmen die Herren der Schöpfung, wo's langgeht. Nur beim Reiten können die Mädchen endlich mal den Ton angeben. Das genießen sie natürlich."

Reiten contra Frust

Typisches Männervorurteil! Nur weil die immer alles im Griff haben wollen, glauben sie, bei Frauen müßte es auch so sein. Harmonie und Verständnis sind im Stall viel wichtiger. Und das haben Mädchen besser drauf als Jungs.

„Reiten im Herrensitz stimuliert, erregt. Ein ausgedehnter Ritt durch den Wald ist besser als jeder Sex."

Sex & Horses

Kein Mädchen denkt beim Reiten über diesen Schwachsinn nach. Die meisten haben mehr mit Zügelführung und Knieschluß zu tun. Außerdem, was soll der Unsinn mit dem Herrensitz? Schließlich sind die Frauen früher, als noch der züchtige Damensattel angesagt war, genauso gerne geritten!

Liebe?

Der Traum vom Galopp in die Weite.

Aua!!

MEGABLÖDE VORURTEILE
- Pferdemädchen sind fanatisch
- Sie haben Schiß vor Jungs
- Pferdemädchen halten sich für was Besseres
- Pferde sind für Mädchen doch nur ein Ersatz für Jungs
- Frauen reiten zwar gern, aber im Turniersport bringen sie's nicht
- Pferde sind dumm und gefährlich
- Die lernen doch nur reiten, weil sie immer noch darauf hoffen, daß ihr Märchenprinz auf einem schneeweißen Schimmel daherkommt und sie auf sein Pferd holt.

Pflegepferd, Schulpferd, eigenes Pferd, Pflegepferd, Schulpferd,

Traumpferd gesucht!

Fast jedes Mädchen träumt vom eigenen Pferd, vom Galopp über duftende Wiesen und Felder, dem Begrüßungswiehern am Morgen und dem Ausritt ohne Sattel und Zaum. Aber die Wirklichkeit sieht meist anders aus: Reitstunden auf Schulpferden, langweilige Runden in der Halle, nie dasselbe Pferd zweimal hintereinander, so gut wie keine Chance auf eine Reitbeteiligung. Immer die gleiche Reitstallroutine. Das bringt Frust.
Läßt sich daran etwas ändern? Aber ja! Hier ein paar Tips:

Mit dem Schulpferd immer an der Wand lang

Pferde in verschlossenen Boxen, langweiliger Unterricht und endloses Hallenreiten – manche Reitställe sind der reinste Frust für uns und für die Pferde. Besonders schlimm getroffen haben es dabei natürlich die Schulpferde. Ständig schleppen sie ungeschickte Reiter herum und werden oft auch noch für die Fehler ihrer Reiter bestraft und beschimpft. Das hält doch kein Pferd aus! Kein Wunder, wenn es abstumpft.
Gerade Schulpferde brauchen eine Extraportion Liebe. Ganz klar!

Hallenreiten kann ganz schön öde werden.

Ein Herz für Schulpferde

- Komm ein bißchen früher zur Reitstunde, damit du auf jeden Fall beim Satteln helfen kannst.
- Begrüß dein Schulpferd mit einem Leckerbissen und ein paar netten Worten.
- Frag den Reitlehrer, ob du das Pferd nach der Stunde auf die Weide bringen oder an der Hand grasen lassen darfst.
- Sprich viel mit deinem Schulpferd! Irgendwann wird es dir zuhören, dir vertrauen und dich mögen.

Highlight im Schulpferdedasein: ein Spaziergang mit der Lieblingsreiterin.

Traumpferde auf Pflege-Raten

Etwas Mithilfe im Stall und zur Belohnung reiten! Davon träumen viele. Aber Pferdebesitzer, die Hilfe für ihre Pferde suchen, sind eher die Ausnahme. Und meistens kommt dabei das Ausreiten sowieso viel zu kurz. Die Arbeit durch Pflegepferde ist auch nicht zu unterschätzen, vor allem muß sie regelmäßig gemacht werden, egal, was in der Clique oder in der Schule läuft.

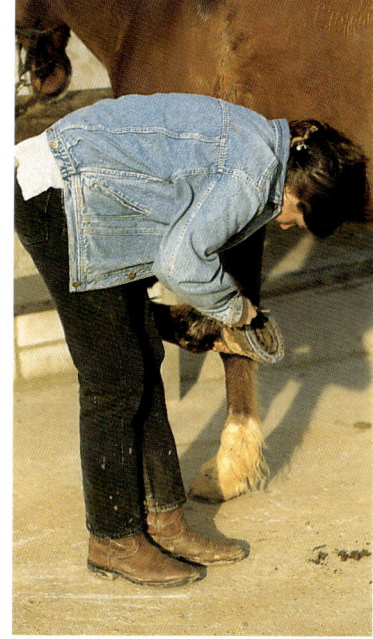

Reiten als Belohnung für die Pferdepflege? Diese Rechnung geht selten auf.

Das ist nicht jedermanns Sache. Besser ist eine Reitbeteiligung, bei der die Kosten für das Pferd aufgeteilt werden. Das kommt nicht teurer als das Reiten auf den Schulpferden. Aber nur wenige Pferdebesitzer vertrauen ihren Liebling einer Anfängerin an. Reitunterricht über eine längere Zeit hinweg (ausreichend sind 2-3 Jahre) solltest du natürlich schon vorweisen können.

WARNING!

Keine Chance für miese Ställe

Für Schulpferde gibt es kein Arbeitsschutzgesetz. Aber du als Reiterin hast es in der Hand, wo du Unterricht nimmst. Pferde brauchen saubere Ställe, Auslauf und Weidegang. Sie sollten nicht länger als zwei Stunden ohne Pause arbeiten. Und sie haben Anrecht auf Verständnis und freundliche Behandlung. Wenn du merkst, daß sie geschlagen werden und verängstigt sind – dann such dir eine andere Reitschule. Aber schleunigst!

WARNING!

Vorsicht Ausbeutung!

In manchen Ställen läßt man Pferdemädchen unmäßig schuften und verspricht dafür ein Pflegepferd. Meistens sind das ziemlich miese Höfe mit schlecht versorgten Pferden. Geh da gar nicht erst hin, und erzähl es auch anderen Mädchen. Wenn sich keine mehr ausbeuten läßt, dann müssen diese Ställe schließen und die Pferde kommen vielleicht in bessere Hände. Also, Finger weg!

Pflegepferd, Schulpferd, eigenes Pferd, Pflegepferd, Schulpferd,

Schülerin, 16, 2 Jahre Reiterfahrung, zuverlässig, sucht Pflegepferd.
Tel.: 64 83 279

Brauchen Sie Hilfe bei Ihrem Pferd? Schülerin, 13 J. alt, 2 J. Reiterfahrung, würde es gern pflegen und putzen. Gegen Reitmöglichkeit. Bitte melden!
Tel.: 697 97 61

Ihr Pferd langweilt sich? Ich, Schülerin, 14, 3 Jahre Reitunterricht, würde es gern regelmäßig putzen und bewegen! Natürlich beteiligen sich meine Eltern dafür an den Pensionskosten. Bitte rufen Sie uns an.
Tel.: 18 37 123

WARNING!

Vorsicht Anmache!

„Wenn du das nicht tust, verkauf ich dein Pflegepferd!" – „Sei ein bißchen nett zu mir, und du darfst mein Pferd auf dem Turnier reiten ..." Anmache der übelsten Sorte! Wenn man sich einmal von denen rumkriegen oder aus Mitleid für das Pferd überreden läßt, steckt man in Nullkommanix in einem Teufelskreis. Miese Tricks! Diese Typen glauben, unsere Pferdebegeisterung ausnutzen zu können. Aber da haben sie sich getäuscht!

eigenes Pferd, Pflegepferd, Schulpferd, eigenes Pferd, Pflegepferd

Ein Pferd für mich allein

Suche Reitbeteiligung an Westernpferd. Reiterfahrung: 3 J. Reitstall, 2 Ferienkurse Westernstil. Tel.: 236 83 99

Wo kann ich Islandpferde reiten? Habe vier Jahre Reiterfahrung auf Großpferden und bin 15 Jahre alt. Gern Reitbeteiligung. Tel.: 23 33 26

Nichts ist schöner als ein eigenes Pferd! Endlich kann man reiten, wann man will und wo man will: in der Bahn, durch den Wald oder gar am Strand! Lange Galopps, ohne daß der Reitlehrer dazwischenfunkt. Und endlich hat man ein Pferd ganz für sich allein, das einen wirklich gut kennt und liebt. Gehörst du zu den Glücklichen, denen die Eltern diesen Wunsch erfüllt haben? Dann weißt du, wovon wir schwärmen. Aber ein eigenes Pferd hat auch seine Schattenseiten. Du brauchst viel Zeit, vor allem, wenn es im Reitstall untergestellt ist und jeden Tag bewegt werden muß. Wer versorgt das Pferd, während du im Urlaub bist oder auf Klassenreise? Vielleicht willst du studieren, in einer anderen Stadt arbeiten? Dann siehst du dein eigenes Pferd gerade mal am Wochenende. Der größte Traum kann dann zu einem Horrortrip werden. Aber natürlich muß das nicht sein. Das läßt sich durch eine Reitbeteiligung leicht lösen. Interessenten dafür findest du überall. Guck mal die Schwarzen Bretter und die Anzeigen durch. Der Traum vom eigenen Pferd bleibt dann ungetrübt.

Bis sich der Wunsch erfüllt

Ein eigenes Pferd gibt es natürlich nicht von heute auf morgen. Aber so kannst du die Wartezeit nutzen:

Üb dich in der Beurteilung von Pferden. Schau dir Körperbau und Bewegung kritisch an.

Sprich mit anderen Pferdeleuten, sie können dir Tips geben.

Hol dir alles über Pferderassen und Größen. Welches Pferd paßt zu dir?

Schon mal an ein Ferienpraktikum bei einem Pferdearzt gedacht?

Wie wär's mit einem neuen Reitstil?

Pferderomane helfen Zeit überbrücken.

Reite so viele unterschiedliche Pferde wie möglich.

Trendy

"Pferdemädchen mögen lieber mehr auf Gummistiefel als auf Boys, die davon überzeugt sind. in den Stall werfen: Peppige farben, witzige Überzüge für die haben das triste Schwarzweiß gefällt. Hauptsache, es behindert nicht.

Schuhmäßig hinterm Mond

sind Reiterinnen, die unbedingt in Turnschuhen oder – oh, Graus! – in Moonboots reiten müssen! Bei einem Sturz bleibt man damit meist im Steigbügel hängen und kann danach für Wochen gar keine Schuhe mehr tragen. Mit glatten Reitstiefeln oder Jodhpur-Stiefeletten kann das nicht passieren. Außerdem sehen die viel profimäßiger aus. Brandneu gibt's jetzt auch spezielle Reitschuhe, extra leichte Stiefel für heiße Tage und dicke Winterstiefel.

Gefährlich gut!

Sie ist unbequem, der reinste Frisurenkiller und ist garantiert die unkleidsamste Kopfbedeckung, die je erfunden worden ist. Trotzdem: Die Reitkappe ist ein absolutes Muß! Laß dir da von niemanden etwas anderes einreden.

im Sattel

Stallduft als Parfüm und stehen Plateaus!" Es gibt immer noch Dabei sollten sie mal einen Blick Reithosen und Jacken in Mode-Reitkappe, Jeans und Chaps längst abgelöst. Erlaubt ist, was und gefährdet beim Reiten

Schlabberlock für Horsy Girls?

Ultraweite T-Shirts oder XXL-Sweatshirts sind natürlich der absolute Gag. Sie sehen cool aus und verdecken überflüssige Kilos. Aber sie verdecken auch alles andere. Wenn du dich in einem Zelt versteckst, wie soll der Reitlehrer deine Haltung sehen und gegebenenfalls korrigieren können? Mut zur Figur! Schon mal an eine Reitweste gedacht?

Man sieht sie überall, sie passen zu jeder Gelegenheit und sie halten die Hände frei: Rucksäcke sind altbewährt und trotzdem immer wieder gut. In ihnen ist reichlich Platz für Reitkappe, Gerte, Reithandschuhe und ein zweites Paar Schuhe. Schminkutensilien, Haarbürsten oder ein Pullover zum Wechseln haben auch noch Platz. Außerdem: Nicht nur im Reitstall, sondern auch als Schul- oder Sporttasche sind Rucksäcke angesagt.

Power-Rider der Hit

Inzwischen gibt es viele schöne Modelle: vom horsy gestylten Rucksack mit Pferden und Hufeisen bis hin zum peppig-bunten Exemplar. Die Auswahl ist riesig. Sicher findest du unter dem großen Angebot auch den passenden Rucksack für dich.

Trendy im Sattel
Horsy Ou

Bringt endlich Farbe in den Stall!

Farblose, ausgewaschene Uraltteile für die Stallarbeit sollten endlich der Vergangenheit angehören. Es genügt schon ein farbiges Hemd, um auch zwischen Pferdemist gut auszusehen. Jeans, Hemd und Weste sind immer richtig, wenn's ums Putzen, Pferde rumführen und um die Stallarbeit geht. Zum Reiten tauscht ihr die Jeans einfach gegen eine Reithose.

Hemd und Weste in einem sonnigen Gelb, eine klassisch-blaue Jeans und lässige Jodhpurs: Sieht cool aus, ist praktisch und pflegeleicht.

Wenn's ans Reiten geht, braucht ihr die Jeans nur durch eine Reithose auszutauschen. Neben den klassischen Farben schwarz und weiß gibt es auch andere modische Stilrichtungen. Jeanshosen eignen sich wegen der Innennähte nicht so gut zum Reiten.

fits für jeden Tag

Wer Pferde artgerecht hält, wird auf die guten alten Gummistiefel nicht verzichten können.

Ach, du dickes Ei! Fußballerwaden!

Reiten kräftigt die Beinmuskulatur. Stärkere Waden sind bei Reiterinnen üblich. Daß kein einziger Reitstiefel paßt, ist deshalb nahezu unmöglich. Frag beim nächsten Einkauf einfach nach Stiefeln mit Weitschaft. Die gibt es auch bei Gummistiefeln. Ein Tip: Zieh für die Anprobe normale Jeans an. Wenn die Stiefel da drüber passen, gibt's auch bei der Reithose keine Probleme. Und wenn das alles nichts hilft, dann probier's doch mal mit Stiefeletten! Übrigens: Lederstiefel weiten sich beim Tragen nur ein bißchen, deshalb solltest du sie auf keinen Fall zu klein kaufen.

Sind Pferde farbenblind?

Hier widersprechen sich die Untersuchungen: Jeder Wissenschaftler kommt zu einem anderen Ergebnis. Reiter und Pferdefreunde haben allerdings beobachtet, daß Pferde, die heute noch über ein weißes Hindernis gesprungen sind, das gleiche Hindernis am nächsten Tag verweigern, weil es blau-weiß angestrichen worden ist. Das ist doch eindeutig, oder?

Lieblingsfarbe: grasgrün!

Oberpeinlich! Schweißfüße!

Reitstiefel aus Kunststoff sind eine preisgünstige Alternative zum teuren Lederstiefel. Aber dummerweise staut sich darin die Hitze, und die Füße beginnen unangenehm zu riechen. Was tun? Saugfähige Baumwollsocken und Fußpuder oder Spray können schnelle Abhilfe schaffen. Im Sommer ist es gut, wenn ihr die Stiefel nach dem Reiten gleich gegen andere Schuhe austauscht. Du kannst aber auch nach Gummistiefeln mit Innenfutter fragen. Die kosten zwar etwas mehr, sind aber bequem und extrem haltbar.

Trendy im Sattel

Kein Westernlook ohne den klassischen Cowboy-Hut. Bei Westernprüfungen gehört er sogar zur vorgeschriebenen Turnierkleidung.

Yeahhhhhh!!!!!

In Amerika ist alles erlaubt!

Auf Deutschlands Turnieren wird immer noch der klassische Turnierdress in schwarz und weiß bevorzugt. In Amerika sieht man das längst lockerer. Besonders die Show-Reiter auf Gangpferden – Saddler und Tennessee-Walker – überbieten sich mit farbenprächtigen Outfits. Die Auswahl der passenden Farbe zum Pferd spielt dabei eine große Rolle. Oft sieht man den gleichen Reiter in Himmelblau auf einem Fuchs, den man zwei Prüfungen vorher in Zartgrün auf einem Rappen bewundern konnte.

Praktisch – Chapsletten

Eben mal in Jeans aufs Pferd? Mit den praktischen Chapsletten bist du jetzt fein raus. Sie ersetzen Reitstiefel fast perfekt und lassen sich mit den unterschiedlichsten Schuhen und Stiefeletten kombinieren. Und: Sie sind längst nicht so teuer wie richtige Chaps!

Clint Eastwood wäre stolz darauf: reichbestickte Westernstiefel. Man kennt sie aus jedem Cowboyfilm. Sie eignen sich hervorragend zum Reiten – zumindest im Westernsattel. Im Vielseitigkeitssattel erweisen sie sich oft als zu kurz. Dann scheuern die Bügelriemen an den Unterschenkeln.

Reiten wie John Wayne oder Clint Eastwood!

Oder seht ihr euch lieber in der Nachfolge von Calamity Jane? Immer mehr Interessierte finden zum Westernstil, er ist längst keine amerikanische Domäne mehr. Die leichtere Zügelführung, die Quarterhorses, die Ausrüstung –

Western Dreams

all das lockt viele in Westernställe und Westernreitkurse.
Und das Outfit macht nicht nur im Sattel Spaß. Jeans und Stetson kommen toll als Freizeitlook, Chaps sind praktisch auf dem Mofa und Motorrad. Und zum Lasso fallen euch neben dem Kälberfang bestimmt noch andere Sachen ein. Aber erst kräftig üben!

Stetson, Chaps und eine überbreite Gürtelschnalle – das gehört zum Outfit eines echten Cowgirls.

Trendy im Sattel
Outdoor-Outfits – Reiten b

Aussehen wie die Stars im Sattel! Aber Markenklamotten sind so irrsinnig teuer! Was tun?

Markenreithosen und Jacken sind gut geschnitten, haltbar und leicht zu reinigen. All das spricht für sie und erklärt den hohen Preis. Trotzdem sprengen sie den Taschengeldrahmen. Wenn es dir nur auf Modefarben und ein trendy Outfit ankommt und deine Reitklamotten auch nicht übermäßig strapaziert werden, dann tut's vielleicht auch mal eine Billigreithose. Falls dir aber Qualität wichtig ist, kannst du entweder eisern sparen – oder versuchen, die Sachen aus zweiter Hand zu bekommen. Reitsport-Second-Hands sind im Kommen! Ein Zettel am Schwarzen Brett im Reitstall oder eine Anzeige auf der Jugendseite deiner Lieblingspferdezeitschrift können ebenfalls erfolgversprechend sein.

Trendy Outfit muß nicht teuer sein.

Einmal nach Herzenslust einkaufen ...

Außerdem:
Auch in Reitsportläden gibt es Sommer- und Winterschlußverkauf, Räumungsverkauf und Messeangebote.
Große Pferdemessen, wie die Equitana, lohnen sich oft schon allein wegen der Möglichkeit, hochwertige Reitausrüstung preiswert einzukaufen.

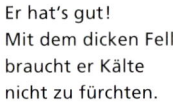

Er hat's gut!
Mit dem dicken Fell braucht er Kälte nicht zu fürchten.

ei Wind und Wetter

Winterreitkleidung von A bis Z:

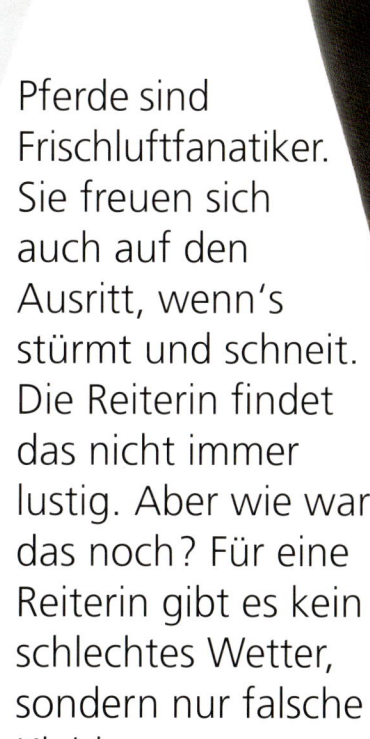

Atmungsaktiv und regendicht – Jacken aus Goretex oder ähnlichen Materialien halten warm und trocken. Auch Wachsjacken sind super geeignet.

Blickfang – Je heller das Outfit, desto sicherer seid ihr im Straßenverkehr. Also: reflektierende Bänder auf die Jacken nähen, Blinkis anstecken und Stiefelleuchten anschaffen. Für Pferde gibt es Leuchtbandagen.

Kapuzen sind unpraktisch, auch wenn sie über die Reitkappe passen. Besser ist es immer, eine Reitkappe mit Schal und hochgestelltem Kragen zu kombinieren. So habt ihr garantiert immer freie Sicht.

Nasse Oberschenkel sind eine Plage, wenn die Jacke zu kurz ist. Praktische Regenreitjacken reichen bis über die Stiefel.

Zwiebellook – war mal ein Modetrend, ist beim Reiten aber noch immer ungeheuer in. Zwei Pullover übereinander gezogen halten wärmer, als ein dickes Teil. Probiert's aus, ihr werdet staunen.

Pferde sind Frischluftfanatiker. Sie freuen sich auch auf den Ausritt, wenn's stürmt und schneit. Die Reiterin findet das nicht immer lustig. Aber wie war das noch? Für eine Reiterin gibt es kein schlechtes Wetter, sondern nur falsche Kleidung.

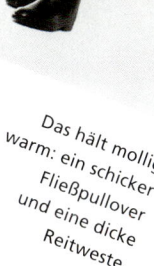

Das hält mollig warm: ein schicker Fließpullover und eine dicke Reitweste.

Trendy im Sattel

Klassisch elegant! Wer auf konventionellen Dressur- oder Springturnieren starten will, kommt um den Kauf einer weißen Reithose nicht herum. Dazu gehören eine weiße Bluse, eventuell ein Plastron und natürlich eine auf Taille geschnittene Reitjacke. Früher mußte das Jackett grundsätzlich schwarz sein. Heute sind sie auch in dunkelblau oder dunkelgrün erlaubt.

Schick gekleidet

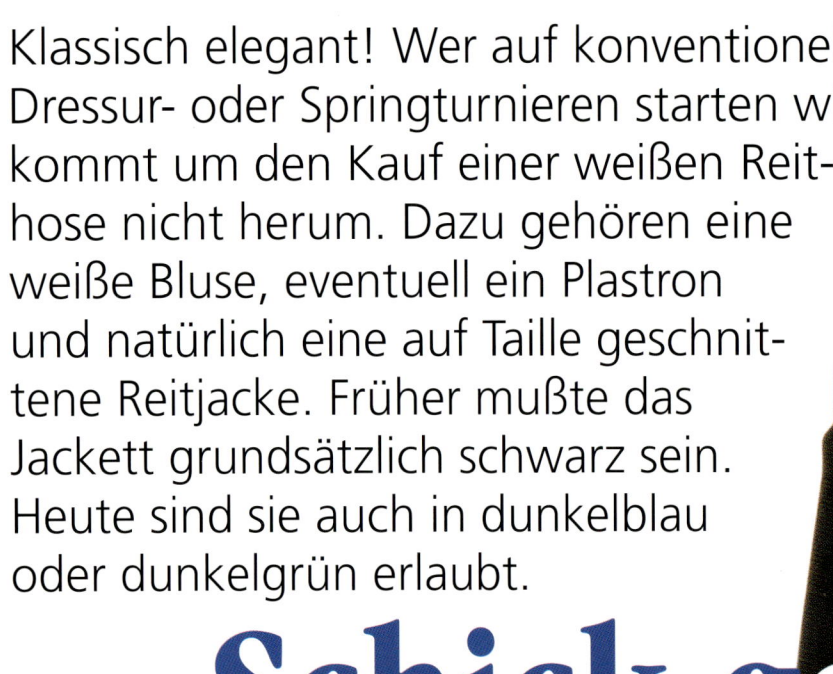

Besonders Modebewußte wagen auch schon mal ein dezentes Weinrot. Wichtig: Die Reitkappe muß zur Jacke passen. Also, möglichst kein schwarzer Samt zum blauen Jackett.

Klassisch in schwarz und weiß. Die Weste hält warm an kalten Tagen.

Pokale – heißbegehrt, aber meist scheußlich im Design. Wer erfindet hier mal was Frecheres?

Immer dasselbe: Da macht man sich besonders schick fürs Turnier, und dann das! Der Slip zeichnet sich deutlich unter der weißen Reithose ab. Zum Glück fällt meist die Reitjacke drüber, aber ärgerlich ist es trotzdem. Natürlich kann es sein, daß die Reithose einfach zu klein ist. (Beim Anprobieren hast du gerade noch so in Größe 36 gepaßt.) Nun sitzt sie eben knülleeng. Bei Cordhosen oder Hosen aus festerem Stoff gibt es das Problem selten. Bundfaltenhosen wären auch eine Möglichkeit. Oder du läßt den Slip einfach weg. Kleb dafür eine Slipeinlage in den Schritt.

Ein ärgerliches Randproblem?

fürs Turnier
Wenn der Schuh drückt : Ein Tip!

Ein Reitstiefel braucht seine Zeit, bis er sich deinem Fuß angepaßt hat. Da gibt es nur eins: erstens einfetten, zweitens einlaufen. Trag die Stiefel so oft es geht und fette sie nicht nur einmal, sondern mehrmals in Abständen von zwei oder drei Tagen ein. Drücken sie nach einiger Zeit immer noch, gibt es ein altes Geheimrezept: Misch etwas Aceton mit einigen Tropfen Lederfett. Dann ziehst du die Stiefel an und trägst die Mischung auf die drückenden Stellen auf. Wichtig: Den Fuß einige Zeit darin bewegen!

Super – endlich Lederstiefel!

Ein flammendroter Anzug zur schwarzen Jacke: Auf den tristen schwarz-weiß Turnieren schier undenkbar. Da erntet man doch schon mißtrauische Blicke, wenn das Jackett dunkelblau schimmert. Tradition ist wichtig im Turniergeschehen, aber auch gähnend langweilig. Mehr Mut zur Farbe? Im Jahr 2025 vielleicht?

Der große
one for two
Partner

So wird's gemacht:

Beantworte zuerst die Fragen zum Verhalten deines Lieblingspferdes und zähl die Punkte zusammen. Danach füllst du den Reiterinnen-Fragebogen aus. Auch hier werden die Punkte addiert. Auf der nächsten Seite erfährst du dann mehr über dein Lieblingspferd und deinen Reittyp.

schaftstest

Wie gut kennst du dein Lieblingspferd?

Wie gut kennst du dein Lieblingspferd?

Dein Lieblingspferd muß vorübergehend in einer fremden Box stehen. Wie verhält es sich?

Mein Lieblingspferd macht sich gleich über die Heureste seines Vorgängers her und frißt anschließend die Stroheinstreu. — 8 Punkte

Mein Lieblingspferd schaut sich kurz um, knabbert etwas Heu und versucht, das Nachbarpferd kennenzulernen. — 6 Punkte

Es läuft aufgeregt in der Box herum, scharrt und zeigt dem Nachbarpferd ein böses Gesicht. — 2 Punkte

Es durchstöbert die Box und schaut sich vor allem den Verschlußmechanismus genau an. Vielleicht findet es ja einen Ausweg! — 4 Punkte

Du nimmst mit deinem Lieblingspferd an einem Turnier teil. Wie verhält es sich?

Es ist etwas aufmerksamer als zu Hause, geht sonst aber wie immer. — 4 Punkte

In der ersten Prüfung ist es ganz munter, aber dann versucht es doch wieder, den Blumenschmuck zu fressen. — 5 Punkte

Es kann schon beim Aufsatteln nicht ruhig stehen und rennt beinahe den Richterwagen um. — 2 Punkte

Es betrachtet vergnügt das bunte Treiben und schwebt im Imponiertrab über den Abreiteplatz. — 3 Punkte

Jemand hat ein knallrotes Sofa neben dem Reitweg abgestellt, ausgerechnet in einer Kurve. Was macht dein Pferd?

Es ergreift kopflos die Flucht, und ich kann es erst nach fünfzig Metern wieder anhalten. — 2 Punkte

Würde mich wundern, wenn mein Pferd das Sofa überhaupt bemerkt. Scheuen wird es ganz sicher nicht davor. — 7 Punkte

Es macht erst mal ein paar Sprünge, aber dann läßt es sich mit interessiert gespitzten Ohren an das Möbel heranreiten, um es zu erkunden. — 3 Punkte

Mein Lieblingspferd ist eigentlich scheufrei, aber hier macht es vielleicht einen erschrockenen Seitensprung. — 6 Punkte

Du erlernst eine neue Dressurübung, zum Beispiel die Hinterhandwendung. Am Anfang gibst du die Hilfen noch nicht ganz richtig. Wie reagiert dein Lieblingspferd?

Es läuft erst mal los. Wenn es eine Hilfe nicht versteht, fängt es einfach an zu traben. — 2 Punkte

Es wird ungeduldig. Nachdem es dreimal versucht hat, mich zu verstehen, kann es sein, daß es Zicken macht. — 4 Punkte

Es zieht versuchsweise eine Vorhandwendung durch und ist todunglücklich, wenn es merkt, daß es falsch geraten hat. — 5 Punkte

Es macht erst mal gar nichts. Mein Lieblingspferd reagiert nur auf ganz exakt gegebene Hilfen. — 7 Punkte

Du hast einen Apfel in der Tasche, und dein Lieblingspferd weiß das. Was unternimmt es, um an den Leckerbissen zu kommen?

Es beißt blitzschnell in meine Tasche. — 2 Punkte

Es stößt mich sanft an, damit ich es ja nicht vergesse. — 6 Punkte

Es führt ein Kunststück vor, das ich ihm mal beigebracht habe, und für das es immer belohnt worden ist. — 4 Punkte

Es guckt mich umwerfend traurig und hungrig an und knabbert vielleicht etwas an meiner Tasche herum. — 7 Punkte

Wenn du wissen willst,

Wie gut kennst du dein Lieblingspferd? – Auswertung

Anhand der addierten Punkte findest du die passende Charakterisierung für dein Pferd. Manchmal verlaufen die Grenzen zwischen den Pferdetypen allerdings fließend. Wenn dein Pferd also nur gerade noch so in eine Kategorie paßt, lies auch noch die folgende.

10 - 15 Punkte – Das Rennpferd

Dein Lieblingspferd ist ein Temperamentsbolzen. Es bewegt sich gern und nutzt jede Gelegenheit dazu, aber es ist auch überregbar und neigt insofern zu Panikanfällen. Falsch behandelt kann es ein gefährlicher Puller oder Durchgänger werden. Ein Pferd wie dein Lieblingspferd braucht viel Auslauf. Wenn es nur in der Box gehalten wird, nutzt es wahrscheinlich die Reitstunden, um Energie abzulassen, und das ist selten sehr komfortabel für den Reiter! Ideal für dein Lieblingspferd wären auch Bodenarbeit und Scheutraining. Seine liebsten Sportarten: Distanzreiten und Jagdreiten. Du kannst es sicher auch für Springen und Geländeritt begeistern, aber hier mußt du gut aufpassen, da diese Sportarten das Pferd eher aufpuschen als beruhigen!

16 - 21 Punkte – Das Zirkuspferd

Dein Lieblingspferd ist der geborene Clown. Ganz sicher ist das Leben mit ihm niemals langweilig. Dein Pferd nutzt jede Gelegenheit, sich durch Aufknoten von Stricken, Öffnen von Türen und so weiter selbständig zu machen, es trägt Putzzeug herum und nimmt Selbsttränken auseinander. Ganz wichtig für diesen Pferdetyp ist Beschäftigung. Dein Pferd sollte viel und möglichst abwechslungsreich gearbeitet werden, vom Boden aus und unter dem Sattel. Hat es nichts zu tun, oder fühlt es sich gar vernachlässigt, so denkt es sich selbst etwas aus, um das Leben spannend zu gestalten. Du kannst deinem Lieblingspferd eine Freude machen, indem du ihm buntes Spielzeug wie alte Hüpfbälle oder Pylonen in die Box oder in den Auslauf legst. Liebste Beschäftigung deines Vierbeiners: Erlernen von Zirkuskunststücken und Einüben von Schaunummern.

22 - 28 Punkte – Das Verlaßpferd

Dein Lieblingspferd ist ein richtig guter Kumpel. Es macht beim Reiten jeden Spaß mit, erlaubt sich selten Streiche oder Alleingänge und ist ein von Grund auf verträgliches Tier. Manchmal ist es vielleicht etwas vorsichtig und will sich ein Hindernis genau ansehen, bevor es darüberspringt, aber im Grunde ist es eine Lebensversicherung auf vier Beinen. Wenn es etwas gelernt hat, so wird es die Aufgabe nicht mehr vergessen und sie auch auf dem Turnier mit traumhafter Sicherheit ausführen. Du erhältst diese Ausgeglichenheit bei deinem Pferd, indem du ihm viel Weidegang ermöglichst und es regelmäßig und abwechslungsreich arbeitest. Auch wenn du schwerpunktmäßig Dressurreiten willst, solltest du zum Beispiel zweimal wöchentlich mit ihm ins Gelände gehen. Lieblingssportarten deines Pferdes: Dressur, alle Westerndisziplinen, auch Springen und Geländereiten, solange es nicht halsbrecherisch wird.

29 - 34 Punkte – Das Schmusepferd

Dein Pferd ist ein Schmusetier, seine liebste Beschäftigung besteht darin, herumzustehen und sich betüdeln zu lassen. Beim Reiten ist es sehr brav, hat es aber niemals eilig. Seine Lebensdevise: Wenn mein Reiter vorwärts kommen will, muß er sich anstrengen! Dein Lieblingspferd läßt sich also treiben, und in der Reitstunde kommst du manchmal eher in Schweiß als dein Vierbeiner. Dafür behält dein Pferd aber auch die Ruhe, wenn alle anderen abdrehen. Es steckt Turnierstreß und Aufregungen vor Abzeichenprüfungen locker weg und geht traumhaft sicher an jeder Autostraße entlang. Dein Pferd braucht eine energische Reiterin und viel Abwechslung in der Arbeit, damit es wach bleibt. Wenn es dir gelingt, es zu motivieren, wird es ein tolles Pferd für Orientierungsritte und Trail-Riding.

Erkennst du deinen Reittyp?

Vor dir liegt deine erste Springstunde. Wie fühlst du dich?

Eigentlich habe ich gar keine Lust. Ich mache das nur, weil ich
beim Reitabzeichen springen muß.   2 Punkte

Ich freue mich. Springen wird eine tolle Erfahrung.
Mal sehen, welches Pferd ich kriege!   6 Punkte

Ein bißchen mulmig, aber bisher hat unsere Reitlehrerin uns noch
nie überfordert. Bestimmt wird es ganz gut.   2 Punkte

Ich kann's kaum abwarten.
Endlich Schluß mit dem lahmen Dressurreiten!   8 Punkte

Auf dem Ausritt mußt du entscheiden, ob du lieber einen kleinen Graben springst oder einen Umweg machst.

Also den Hupfer sollte mein Pferd schon schaffen. Wenn es
nicht mitmacht, kann ich immer noch den Umweg reiten.   4 Punkte

Ich sehe keinen Grund, diesen Minigraben nicht zu überspringen.
Ich treibe mein Pferd energisch darüber.   6 Punkte

Ich reite den Umweg, keine Frage!   2 Punkte

Klar nehme ich den Graben! Am besten mit Anlauf.
So was macht den Ausritt doch erst interessant!   8 Punkte

Ein neues Pferd im Reitstall. Die Reitlehrerin möchte, daß du es im Unterricht reitest. Sagst du ja?

Klar! Man kann doch gar nicht genug unterschiedliche
Pferde kennenlernen.   6 Punkte

Mit Begeisterung. Vielleicht ist es ja noch nicht so
abgestumpft wie die anderen Schulpferde.   7 Punkte

Ehrlich gesagt, würde ich lieber erst sehen, wie es
unter jemand anderem geht.   2 Punkte

Sicher. Wir hatten noch nie gefährliche Schulpferde,
da wird dieses nicht das erste sein.   4 Punkte

Wenn du ein eigenes Pferd haben könntest – wie müßte es sein?

Möglichst lieb und verschmust. Dabei brav beim Reiten.   1 Punkt

Lebhaft! Am liebsten ein Springpferd, mit dem ich gleich zum
Turnier könnte.   5 Punkte

Nicht zu verrückt und nicht zu latschig. Ich will nicht dauernd
treiben, aber es sollte auf keinen Fall durchgehen.   2 Punkte

Ich hätte gern ein junges Pferd, dem ich was beibringen kann,
oder ein schwieriges, das ich korrigieren könnte.   4 Punkte

Eine gute Fee gewährt dir den Reiturlaub deiner Träume. Wie sieht er aus?

Ferien auf einer Finca in Andalusien – tagsüber Ausritte
und abends Trips in die schicken alten Städte.   2 Punkte

Ranchurlaub in Amerika oder Australien – ich helfe bei
der Arbeit mit den Rindern und jungen Pferden.   3 Punkte

Ein Wanderritt in Island – traumhaft schöne Landschaften
und liebe Pferde mit weichen Gängen.   1 Punkt

Jagdreiten in Irland –
querfeldein reiten mit einem schicken Hunter.   4 Punkte

Wenn du wissen willst,

AUSWERTUNG

welcher Typ du bist, dann dreh die Seite um.

Die Zahl deiner Punkte verrät dir deinen Reittyp. Auch hier verlaufen die Grenzen zwischen den Typen fließend. Wenn deine Punktzahl also genau an der Grenze liegt – auch mal beim nächsten Typ schmökern!

8 - 14 Punkte – Die Sensible

Du bist eine eher vorsichtige Reiterin. Risiken für dich selbst und besonders für dein Pferd gehst du ungern ein, für Sportarten wie Springreiten und Vielseitigkeit hast du wenig Sinn. Die Pluspunkte bei deinem Reittyp sind Umsicht und Sensibilität. Negativ ist eine gewisse Neigung zu übertriebenen Ängsten. Manchmal mußt du dich einfach überwinden – sonst kommst du nie mit deinem Pferd über die Straße, und harmlose Vergnügungen wie etwa eine Reitjagd bleiben dir verschlossen. Stürz dich aber nicht blind in irgendwelche Mutproben. Es ist ganz in Ordnung, wenn du nicht über jedes Hindernis springen magst, und wenn du zum Beispiel bei der Jagd im Zuschauerfeld mitreitest.

15 - 22 Punkte – Die Besonnene

Du kommst mit den meisten Pferden gut klar und kannst dich und deine reiterlichen Schwächen und Stärken richtig einschätzen. Wenn etwas nicht sofort klappt, regst du dich nicht auf, sondern versuchst es in Ruhe noch einmal. Manchmal gibst du allerdings etwas schnell auf, reiterlicher Ehrgeiz ist dir weitgehend fremd. Insofern läßt du dich auch kaum auf riskante Manöver im Gelände oder Mutproben ein. Das ist in Ordnung. Manchmal käme es dir und deinem Reitstil aber zugute, wenn du etwas mehr Energie aufbringen könntest.

23 - 29 Punkte – Die Engagierte

Du bist eine sehr lebhafte und aktive Reiterin, die ihre technischen Schwächen gern durch eine gewisse "Genialität" ausgleicht. Das bietet nicht immer ein perfektes Bild, aber die meisten Pferde machen doch gern, was du von ihnen willst. Geht etwas nicht nach deinem Kopf, so wirst du schnell zornig – du mußt aufpassen, daß du deine Energie in sinnvolles Üben einbringst und deinen Ärger nicht am Pferd ausläßt. Du bist von Natur aus eine Kämpferin und hast Spaß am Turnierreiten, aber du bist nicht blind gegenüber den Schattenseiten deines Sports, und du neigst auch nicht zu lebensgefährlichen Aktionen. Wenn die konventionelle Reiterei dich nervt, informiere dich über alternative Reitweisen und andere Möglichkeiten des Leistungsvergleichs.

30 - 35 Punkte – Die Verwegene

Du bist eine Reiterin mit enormem "Schneid", wahrscheinlich der Star jeder Springstunde. Wie phlegmatisch das Pferd auch immer ist, du bringst es auf Trab, und du schaffst es auch, zögernde Pferde zu ermutigen und zu besseren Leistungen zu bringen. Leider nimmst du dabei oft wenig Rücksicht auf Sicherheitsüberlegungen. Deine Aktionen grenzen mitunter an Leichtsinn, und wenn man dich nicht bremst, können du und dein Pferd dabei Schaden nehmen. Versuch unbedingt, dein Temperament unter Kontrolle zu halten, und arbeite auch an deiner reiterlichen Technik. Mut allein macht dich nicht zu einer guten Reiterin. Auch "langweilige" Dressurstunden gehören dazu.

31

Hier findest du Infos über die Beziehung zwischen dir und

Paßt ihr zwei zusammen?

deinem Lieblingspferd.

Das Rennpferd — Die Sensible
Bestimmt magst du dein Lieblingspferd deshalb, weil es schnell etwas begreift und auf die kleinsten Hilfen reagiert. Manchmal macht dir sein lebhafter Vorwärtsdrang aber etwas angst. Falls es dein eigenes Pferd ist, solltest du viel Bodenarbeit mit ihm machen und ganz ruhige Ritte unternehmen, damit es auf Dauer etwas gelassener wird.

Das Rennpferd — Die Besonnene
Du liebst dein Pferd, weil es sich nicht treiben läßt und gern für dich die Initiative übernimmt. Du solltest ihm aber nicht alle Entscheidungen überlassen – dein Pferd braucht eine sichere, ruhige Hand, wenn es nicht noch ungebärdiger werden soll. Wenn du gezielt darauf hinarbeitest, daß es ruhiger und gehorsamer wird, wirst du noch glücklicher mit ihm sein.

Das Rennpferd — Die Engagierte
Du liebst dieses Pferd, weil es so viel Energie und Elan hat, aber du erkennst auch seine Schwierigkeiten. In jedem „Rennpferd" steckt ein ängstliches, verwundbares Tier, das erst ruhiger werden kann, wenn es echtes Vertrauen zum Menschen aufbaut.
Du bist bereit, viel Zeit und Energie zu investieren, damit dein Lieblingspferd zu einer gelasseneren Haltung findet. Wenn du die nötige Geduld aufbringst, kannst du das „Rennpferd" zu einem echten Traumpferd machen!

Das Rennpferd — Die Verwegene
Dein Lieblingspferd und du – ihr seid eine explosive Mischung! Du bist begeistert von seinem Vorwärtsdrang und denkst nicht im Traum daran, ihn zu bremsen. Als geschickte Reiterin wirst du ihn in die dir gemäßen Bahnen lenken und erfolgreich Springen und Reiterspiele bestreiten.
Die Frage ist, ob das deinem Pferd auf die Dauer gut tut. Investiere unbedingt auch Zeit in ruhigere Arbeit, damit dein Temperamentsbolzen nicht völlig überschnappt!

Das Zirkuspferd — Die Sensible
Du bist entzückt vom Einfallsreichtum und von der Intelligenz dieses ganz besonderen Pferdes. Allerdings neigst du dazu, dir von ihm die Zügel aus der Hand nehmen zu lassen. Das ist nicht schlimm, solange es dazu nur seinen Charme spielen läßt. Wenn es dich aber bedroht, um Leckerli zu erhalten, oder auf dem Ausritt durch Bocken und andere Widersetzlichkeiten darauf besteht, den Weg selbst zu bestimmen, mußt du einen Riegel vorschieben!

Das Zirkuspferd — Die Besonnene
Du findest dieses Pferd bezaubernd und interessant – aber manchmal nervt es dich auch, wenn es ständig darauf besteht, seinen Willen durchzusetzen. Du neigst dann dazu, um des lieben Friedens willen nachzugeben – und der Vierbeiner lacht sich ins Fäustchen, weil er den Ausritt wieder mal – ganz unauffällig – abgekürzt hat. Hier solltest du aufpassen! Dein Lieblingspferd ist bereit, freudig mit dir zu arbeiten, aber es verlangt deine volle Aufmerksamkeit.

Das Zirkuspferd — Die Engagierte
Dein Lieblingspferd und du – ihr habt sicher eine Menge Spaß zusammen. An sich ist dieser Pferdetyp dein Ideal – vergnügt, lernwillig und für alles Neue aufgeschlossen. Über seine gelegentlichen Eigenwilligkeiten kannst du lachen, aber du bist als Reiterin auch stark genug, es an Übergriffen zu hindern. Kurz und gut: Ihr seid ein starkes Team!

Das Zirkuspferd — Die Verwegene
Du liebst dieses Pferd, weil es ebenso mutig und unternehmungslustig ist wie du. Aber seine Neigung zur Eigenmächtigkeit – die es oft im ungeeignetsten Moment herauskehrt, kannst du gar nicht leiden. Insofern kommt es immer wieder zum Streit zwischen euch, der euer Verhältnis auf die Dauer belastet. Vielleicht solltest du deinen Ehrgeiz etwas zurücknehmen und mehr auf die außergewöhnlichen Anlagen deines Pferdes eingehen!

Das Verlaßpferd — Die Sensible
Dieses Pferd ist dein absolutes Traumpferd – zuverlässig, leichtrittig und kooperativ. Du fühlst dich sicher mit ihm, und das Pferd freut sich über deine sanfte Führung und dein Verständnis für seine seltenen Ängste. Du mußt nur aufpassen, daß du ihm nicht allzusehr den Mut nimmst! Zusammen könnt ihr euch durchaus mal an neue und schwierigere Aufgaben heranwagen!

Das Verlaßpferd — Die Verwegene
Dein Lieblingspferd stellt dir freudig seine gesamte Leistungsfähigkeit zur Verfügung, und du bringst es in Höchstform. Manchmal würdest du es dir vielleicht etwas temperamentvoller wünschen, aber auf Dauer wirst du mit ihm sicher erfolgreicher sein als mit einem Rennpferd-Typ. Paß aber auf, daß du es nicht überforderst. Seine Bereitschaft zur Mitarbeit verleitet mitunter dazu, es zu überfordern.

Das Schmusepferd — Die Sensible
Du liebst es, dein Lieblingspferd zu putzen und zu verwöhnen. Auch auf seinem Rücken fühlst du dich wohl – schließlich ist dieser Pferdetyp durch nichts zu erschüttern und vermittelt dir das Gefühl absoluter Sicherheit. Leider neigt dein Pferd jedoch dazu, unter dir immer langsamer zu werden. Es schleicht gern mit zehn Metern Abstand hinter der Abteilung her. Du solltest dich bemühen, es etwas energischer zu reiten. Bestimmt nimmt es dir das nicht übel!

Das Verlaßpferd — Die Besonnene
Bei dir und deinem Lieblingspferd klappt die Zusammenarbeit bestens. Ihr versteht euch gut und heimst sicher so manches Reitlehrer-Lob ein. Paß aber ein bißchen auf, daß ihr euch nicht auf euren Lorbeeren ausruht! Du kannst mit diesem freundlichen und kooperativen Pferd reiterlich weiterkommen und solltest diese Chance nutzen.

Das Schmusepferd — Die Besonnene
An sich gehört das Schmusepferd nicht zu deinen bevorzugten Pferdetypen, aber in dieses eine hast du dich nun mal verliebt! Für deine reiterliche Entwicklung hat das große Vorteile, denn auf diesem Pferd wirst du lernen, deutlicher zu treiben und deine Fähigkeiten effektiver einzusetzen – jedenfalls dann, wenn du dich wirklich bemühst und nicht einfach eine Runde träumst, während dein Lieblingspferd sich satt frißt!

Das Schmusepferd — Die Engagierte
Zwischen dir und deinem Schmusepferd hat es „Boom!" gemacht, und jetzt setzt du all deine Energien ein, um deinen Liebling aus seinem Phlegma zu reißen. Zum Erstaunen von Reitlehrer und Mitreitern geht das Schmusepferd plötzlich feurig über alle Hürden und ist auf dem Ausritt immer vorneweg.
Dabei verliert es nichts von seinen anderen Qualitäten. Weiter so.

Das Verlaßpferd — Die Engagierte
Eigentlich verwunderlich, daß du dich gerade in dieses Pferd verliebt hast! An sich stehst du doch mehr auf Pferde mit kompliziertem Charakter. Für deine reiterliche Entwicklung ist die Beziehung zum Verlaßpferd auf jeden Fall hervorragend. Vielleicht kannst du mit diesem Pferd erste Turniererfahrungen sammeln oder eine Reitabzeichenprüfung ablegen.

Das Schmusepferd — Die Verwegene
Nur selten wird sich ein Reittyp wie du in das typische Schmusepferd verlieben. Dabei wärst du genau die Richtige, um diesen manchmal etwas dickfelligen Vierbeiner auf Trab zu bringen!
Zu besonderen Leistungen in den Disziplinen, die dir am Herzen liegen, brächtest du ihn allerdings nur mit Gewalt. Falls es dich also doch gepackt hat: Schraub deinen Ehrgeiz etwas zurück und suche nach Aktivitäten, die euch beiden Spaß machen!

Horsy, fit &

Natürlich gepflegt, dezent gestylt,

beauty

Einblick in die Zaubertiegel? Ein bißchen Farbe bringt Schwung in den Alltag.

fit fürs Pferd

Spaß am Reiten, Spaß am Schönsein. Im Reitstall ist zwar meist ein lässiger Naturlook angesagt, aber muß man deswegen ungepflegt rumlaufen? Etwas Make-up, ein schickes Hair-Styling und ein witziges Outfit kommen schließlich immer gut an!

Pferde, Stroh &

Geschminkt zur Reitstunde? Warum eigentlich nicht? Aber bloß nicht angemalt aussehen! Das kommt im Reitstall garantiert nicht an. Ein bißchen könnt ihr der Natur jedoch nachhelfen. Ein vorsichtiges Make-up macht Pickel unsichtbar und schützt die Haut vor Kälte und Nässe.

1 Maja hat eine reine Haut und eine sehr natürliche Ausstrahlung. Hier reicht ein Hauch von Make-up, um ihren Typ zu unterstreichen.

2 Eine helle Grundierungscreme deckt leichte Hautunebenheiten ab. Für starke Rötungen gibt es Spezialcremes.

3 Der gleichmäßige Hautton basiert auf einem leichten Feuchtigkeitsmake-up. Glänzende Stellen lassen sich durch losen Puder abdecken.

Wimperntusche

4

Ein brauner Kajalstift und etwas Lidschatten betonen Majas strahlende Augen. (Für die Disco abends können die Kajalstriche ruhig etwas dicker sein.) Ein richtig aufgetragener Lidstrich fällt von weitem kaum auf. Heller Lippenstift und ein wenig Gloss runden das natürlich schöne Bild ab. Für dieses leichte Make-up braucht ihr nicht viel Übung. Und das beste: Es geht schnell.

Elegant geflochten – der Hit bei langem Haar

1 Am besten helft ihr euch gegenseitig. Ihr beginnt mit einer dicken Strähne am Hinterkopf. Das Band wird gleich miteingeflochten. Achtung: Das Haarband muß lang genug sein!

2 Rechts und links werden weitere Haarsträhnen abgeteilt und nacheinander mit dem Band verflochten.

3 Die Frisur läuft in einem dicken, einfachen Zopf aus.

Pony oder

Reiten mit langem, im Wind wehendem Haar! In Filmen und auf Fotos kommt das immer wieder gut. In der Praxis ist langes, offenes Haar beim Reiten aber eher lästig. In der Reitstunde stört es, sieht dabei noch nicht mal gut aus, und beim Turnier ist es sowieso nicht angesagt. Da hilft nur eins: Pferdeschwanz, oder ein raffinierter Zopf!

4 Und schon ist die Turnierfrisur fertig. Beim Reiten kann der Zopf unter der Reitkappe hervorschauen oder noch einmal umgelegt werden. Dann ähnelt der Effekt einem supereleganten Knoten. Übrigens: Mit einem bunten, peppigen Band wird die klassische Turnierfrisur im Handumdrehen zum witzigen Alltagslook.

Partner-Look

Pferdeschwanz
Frisuren, horsy gestylt

Frisurkiller Reitkappe

Wer kennt sie nicht – die hoffnungslos plattgedrückte Frisur unter der Reitkappe. Selbst unter teuren und gut gelüfteten Kappen haben Kurzhaarfrisuren keine Chance. Und fängt man an zu schwitzen, ist es ganz vorbei ... Was tun? Todsichere Tips gibt es da leider nicht: Bei allen, die sich nicht zu einem megakurzen Stoppelschnitt durchringen können, hilft nur eins: Sie müssen wohl oder übel ein bißchen tricksen. So kann man z.B. mit einem Haarband oder einem gezackten Haarreif die Frisur nach der Reitstunde wieder aufpeppen. Viele Frisuren lassen sich auch mit etwas Gel wieder zurechtstylen. Laßt eure Phantasie spielen!

39

Reitgymnastik

Aufwärmen vor der Reitstunde? In den meisten Reitställen kein Thema. Locker geritten und warm gemacht werden höchstens die Pferde! Dabei sind Aufwärmtraining und Trockenübungen bei jeder anderen Sportart total normal. Mit der Ski-Gymnastik fangen die meisten Leute sogar schon an, wenn noch überhaupt nicht an Schnee zu denken ist. Hier also ein paar Trockenübungen für den richtigen Reitsitz. Genau das Richtige für Haltung, Kondition und Balance!

Locker vor dem Reiten

1 Laß die Arme locker herabhängen und kreise mit den Schultern, zuerst mit beiden gleichzeitig, dann abwechselnd mit der rechten und der linken, erst vorwärts, dann rückwärts und dann gegengleich.

Super wichtig! Nach jeder Übung immer eine kleine Lockerungsphase einschieben: bei leicht gespreizter Beinstellung locker in die Knie gehen und die Arme zwischen den Beinen ausschütteln.

2 Und jetzt das Ganze noch mal mit ausgestreckten Armen. Vielleicht kennst du die Übung schon als „Windmühle".

3 Das macht richtig Spaß und lockert die Schultermuskulatur.

Unter uns gefragt ...

BH beim Reiten – ein Muß?

Nicht unbedingt. Wenn du einen sehr kleinen Busen hast, kannst du den BH ruhig zu Hause lassen oder durch ein leicht stützendes Bustier ersetzen. Ein größerer Busen braucht jedoch Halt. Das Bindegewebe kann auf Dauer ausleiern, und darunter leidet die Straffheit der Brust. Wichtig bei der Auswahl des richtigen Reit-BHs sind korrekter Sitz und rutschfeste Träger. Es ist ziemlich lästig, wenn man beim Reiten ständig das Gefühl hat, sie hochschieben zu müssen! Eventuell kann sich auch die Anschaffung eines Sport-BHs lohnen. Richtig angepaßt ist der ebenso bequem wie jeder andere.

Mit Brille aufs Pferd?

Wenn du deine Brille beim Joggen und beim Schulsport trägst, wirst du sie auch beim Reiten nicht verlieren. Viele Reiter, sogar bekannte Turnierreiter, tragen eine Brille. Falls dein Brillenmodell trotzdem rutscht, solltest du dir vielleicht eine Sportbrille zulegen. Die gibt es jetzt in ganz witzigen Modellen! Ideal sind natürlich Kontaktlinsen. Du solltest dich aber an sie gewöhnt haben und sicher sein, daß sie richtig sitzen, bevor du damit aufs Pferd steigst. Schließlich ist es keine sehr dankbare Aufgabe, verlorene Kontaktlinsen aus dem Hallensand zu sieben oder den Waldboden danach umzugraben!

4 Diese Übung haben wir „Obstpflücken" genannt. Stell dir vor, im Garten steht ein Baum mit saftigen Früchten. Leider hängen sie zu hoch.
Mit Dehnen und Strecken versuchst du an die Früchte zu kommen.

5 Die Greifbewegung ist ebenso wichtig wie die Streckung des Oberkörpers. Für eine flexible Zügelführung braucht man schließlich bewegliche Finger.

Ungetrübte Sommerfreuden ...

Reiten in den Tagen?

Was gibt es Schöneres, als ein Ausritt mit Freunden bei strahlendem Sonnenschein. Aber Achtung: Sonnenschutz muß sein! Die Creme sollte einen ausreichenden Lichtschutzfaktor haben, und möglichst nicht allzu sehr fetten – sonst klebt spätestens nach dem Pferdeputzen der gesammelte Staub des Reitstalls auf deiner Haut! Bei empfindlichen Augen solltest du unbedingt eine Sonnenbrille tragen. Achte bei deinem Brillenmodell darauf, daß es gut sitzt. Und wie wär's mit einem flippigen Bandera? Außerdem nicht vergessen: Mücken- und Bremsenschutz!

Menstruation? Kein Grund, die Reitstunde ausfallen zu lassen. Mit Tampons ist die Monatshygiene relativ unkompliziert.
Falls das bei dir nicht klappt, benützt du am besten eine extradünne Binde. Wechsle sie unmittelbar vor und nach dem Reiten aus. Dann kann nichts passieren. Sie sind saugstark und tragen nicht auf. Falls dir das zu unsicher ist, wähle an diesen Tagen eine längere Jacke oder eine Bundfaltenreithose.

Bei dieser Übung kannst du dich setzen. Sie verbessert deine Haltung und fördert die Rückenmuskulatur.

Setz dich mit angewinkelten Beinen auf den Boden, leg die Arme um die Knie. Jetzt streckst du den Oberkörper, bis du aufrecht und gerade sitzt. Halte den Kopf dabei hoch und schau geradeaus.

Jetzt das Ganze ohne Hilfe der Arme. Wie lange schaffst du es, dich aufrecht zu halten?

Alte Mythen sind hartnäckig

Auch wenn es immer behauptet wird, gegen die krampfartigen Schmerzen hilft Reiten leider nicht. Das ist ein Märchen. Reiten lockert nicht zwangsläufig die Beckenmuskulatur, im Gegenteil, bei der Hilfengebung spannst du das Becken sogar an. Die Dressurstunde auf dem Warmblutpferd wirkt also sicher nicht krampflösend, da käme allenfalls ein Ausritt auf einem sehr gut gerittenen Gangpferd in Frage. Da hilft nur eine Aspirintablette. Nimm sie möglichst schon am Tag vor Eintreten der Blutung. Aspirin fördert die Durchblutung und beugt dadurch dem Auftreten von Krämpfen vor.

PMS – Pferd Mit Sattel?

Lästig sind die Beschwerden, unter denen viele an den Tagen vor den Tagen leiden. Die dabei auftretenden Stimmungsschwankungen, Kopfschmerzen und Spannungsschmerzen in den Brüsten faßt man unter dem Begriff „Prämenstruelles Syndrom" zusammen.

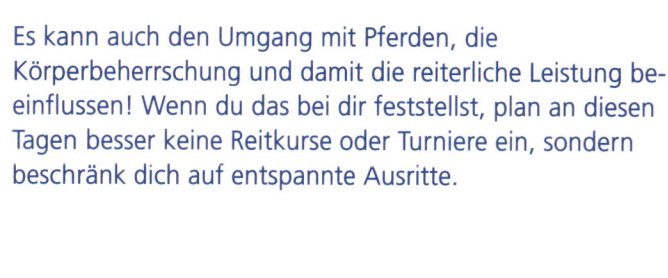

„Na, damit hast du wenigstens keine Probleme."

Es kann auch den Umgang mit Pferden, die Körperbeherrschung und damit die reiterliche Leistung beeinflussen! Wenn du das bei dir feststellst, plan an diesen Tagen besser keine Reitkurse oder Turniere ein, sondern beschränk dich auf entspannte Ausritte.

Stell dich auf ein Bein, das andere winkelst du an. Nun preßt du die Hände vor der Brust zusammen. Achtung! Die Ellenbogen sollen nicht nach unten zeigen. Schwieriger ist es, die Hände über den Kopf zu heben.

Schaffst du diese Balanceübung auch mit geschlossenen Augen? Nicht wackeln!

Wie elegant wirkt dein „Flieger"? Stell dich auf das rechte Bein, streck das linke hinten aus, beug den Oberkörper vor, die Arme sind seitlich ausgestreckt. Wiederhole die Übung dann mit dem anderen Standbein.

Zeigt her eure Hände ...

Rissige, trockene Haut, dreckige Fingernägel und Schwielen, wo man nur hinsieht. Haben gepflegte Hände im Reitstall überhaupt eine Chance? Logo! Wer am Abend in der Disko seine Hände nicht verstecken will, muß allerdings schon etwas dafür tun. Regelmäßiges Eincremen – gleich nach dem Händewaschen – ist zwar eher lästig, aber gut für die Haut! Und Reithandschuhe schützen. Mit einem witzigen Nagellack kann man außerdem so einiges überpinseln – und zudem die Fingernägel stärken. Klar, superlange Fingernägel sind im Reitstall nicht angesagt, aber auch kurze Nägel können schließlich gut aussehen ...

Wer hat Angst vorm bösen Wolf?

Wunde Stellen an den Knien oder am Po – kein Thema, über das man gerne spricht. In der Reitersprache nennt man es „Aufreiten" oder „Wolf". In den meisten Fällen ist schlechtsitzende Unterwäsche schuld, oder – heihei! – Spitzenhöschen. Auch wenn's blöd ist, da hilft nur reizloser Baumwollfeinripp.

Reiten sieht für den Laien ganz easy aus, aber dabei werden Muskeln trainiert, von denen du vermutlich gar nicht

MUSKELKATER

wußtest, daß du sie besitzt. So ein Muskelkater ist zwar lästig und zum Teil sehr schmerzhaft, aber es gibt nur eine Methode, ihn schnell wieder loszuwerden: sobald wie möglich zurück aufs Pferd!

1 Leg dich flach auf den Rücken. Die Beine sind angewinkelt, die Arme liegen entspannt neben dem Körper.

2 Nun hebst du den Po an, so daß Oberkörper und Oberschenkel eine gerade Linie bilden. Bis 10 zählen und dann langsam wieder senken. Mehrmals wiederholen.

Aller Anfang ist wund?

Ist es dir am Anfang auch passiert? Du wolltest möglichst schnell möglichst viel lernen – und zum Dank konntest du dann tagelang nicht richtig sitzen! Haut und Muskulatur müssen sich eben erst an die neuen Aufgaben gewöhnen. Falscher Ehrgeiz hilft da gar nicht. Laß es daher langsam angehen, überfordere dich nicht.

No Jeans!

Warum Cowboys davon verschont bleiben ist bisher unbekannt, denn auch das Reiten in Jeans kann zu bösen Wolfsbissen führen. Der rauhe Stoff und die Innennähte sind daran schuld.

Wo der Sattel drückt

Ist dein Sattel knallhart? Versuch's mal mit einem kuscheligen Schaffell. Hält im Winter auch noch schön warm! Billigsättel, ältere und schlechtsitzende Sättel sind die andere Ursache für Schmerzen. Das drückt dich und das Pferd. Manchmal hilft's, den Sattel aufzupolstern. Aber das beste ist ein richtig, gut angepaßter Sattel. Ein frommer Wunsch?

Fest im Sattel

Wenn die Unterwäsche sitzt, der Sattel okay ist, dann bleibt nur noch eine Möglichkeit: Dein Sitz ist nicht in Ordnung. Ein offener Po signalisiert einen unruhigen oder falschen Sitz, wunde Knie sagen dir, daß du den Knieschluß mit einem Schraubverschluß verwechselt hast.

Ein guter Sattel ist bequem für Reiterin und Pferd.

Sexy – aber keine Reitkleidung

Der Geheimtip aus den Tagen, als das Wünschen noch geholfen hat: Sitzbäder mit Eichenrindenextrakt. Das verhilft zu kleidsamen bräunlichen Hautverfärbungen. Igitt!
Den gleichen Zweck erfüllen Tannolakt-Bäder aus der Apotheke. Garantiert fleckenfrei! Zusätzlich hilft das Eincremen mit Wundsalben oder Melkfett vor dem Schlafengehen. Nur nicht vor der Reitstunde! Dann klebt oder verrutscht die Unterwäsche. Das gibt neue Scheuerstellen. Vor dem Reiten kannst du den Wolf höchstens mit Puder behandeln.

Wenn's passiert ist ...

1
Verschränk die Arme hinter dem Kopf, die Beine sind wieder angewinkelt.

2
Jetzt die Beine abwechselnd rechts und links ablegen. Die Übung ist garantiert nicht schwer und super entspannend!

Menschen

Stressig! Reiten ist teuer, und Papa dreht den Geldhahn zu!

Wenn Papi nicht mehr zahlt

Überhaupt können Eltern ganz schön Zoff machen. Denkt nur mal an den Turnierrummel!

Ich sehn mich so nach einem Pferd

Frustig! Alle deine Freundinnen haben ein eigenes Pferd oder Pony. Nur du schaukelst immer noch auf einem Schulpferd durch die Halle.

Anmache im Reitstall

Widerlich! Reitlehrer oder andere Vereinsreiter baggern einen an. Jetzt reicht's!

Marathon zum Pferdestall

Lästig! Die meisten Reitställe liegen kilometerweit von deinem Wohnort entfernt. Wenn niemand Chauffeur spielt, heißt das Radfahren oder auf den Bus warten.

Der große Reitlehrertest

Witzig! Kennst du die Macken deines Reitlehrers? Hier kannst du rausfinden, was für ein Typ er ist.

& Pferde

Menschen & Pferde

Wenn Papi nicht mehr zahlt

Die Reitstunden sind schon wieder teurer geworden, und nun meint mein Vater, ich sollte mir endlich ein billigeres Hobby suchen. Dabei wollte ich nächstes Jahr das Reitabzeichen machen. Ich kann die Pferde einfach nicht aufgeben! Unmöglich! Was soll ich tun?
Kathrin, 14

Reiten ist ein teures Hobby, da wird niemand widersprechen. Zu Buche schlagen nicht nur die Reitstunden, da kommen noch Ausgaben für Reitklamotten und Ausrüstung dazu. Aber versuch doch mal rauszufinden, wieviel Klavierstunden oder Ballettstunden kosten. Vielleicht kann eine Vergleichsaufstellung der Aufwendungen deinen Vater ein wenig besänftigen. Du kannst ihm auch vorschlagen, zu den Kosten beizutragen, indem du in den Ferien arbeitest oder einen Job an den Wochenenden suchst. Am liebsten wäre dir sicher eine Betätigung im Reitstall. Dort sind die Jobs allerdings dünn gesät. Aber es gibt viele andere Jobs. Wenn dein Vater sieht, daß du dich für dein Hobby einsetzt, wird er sicher erkennen, wie wichtig die Pferde für dich sind.

EIN HEISSER TIP

Wenn ihr in der Nähe einer Rennbahn wohnt, könnt ihr etwas Geld verdienen, indem ihr Pferde auf dem Führring vorstellt. Fragt einfach im Rennbüro oder bei einem Trainer nach.

Geld zum Reiten selbst verdienen

Das Jugendarbeitsschutzgesetz erlaubt vier Stunden jobben pro Woche. Vielleicht könnt ihr vor der Schule Zeitungen austragen oder am Nachmittag Werbeprospekte verteilen. Relativ angenehm ist Babysitten, und falls ihr einigermaßen gut in der Schule seid, könnt ihr Grundschülern bei den Hausaufgaben helfen. Bei der Jobsuche ist Initiative gefragt! Erkundigt euch bei Zeitungsredaktionen und Werbeagenturen, klebt Zettel an Schwarze Bretter im Supermarkt, in Kindergärten und Grundschulen. Das bringt oft mehr als eine Annonce und kostet nichts.

Für jedes Problem findet sich eine Lösung. Nur nicht hängenlassen!

Jobs im Stall sind rar.

Wissen rund ums Pferd büffelt sich leichter als Chemie.

Englisch – important indeed
Megawichtig! Alle neueren Entwicklungen auf dem Pferdesektor spielen sich im englischsprachigen Bereich ab. Besonders in Amerika gibt es viele Pferdefrauen, die Interessantes zu sagen haben. Und es ist absolut lästig, warten zu müssen, bis das Buch oder das Video auf deutsch erscheint.

Eine Fünf in Mathe: Sind die Pferde schuld?

Mathe habe ich eigentlich noch nie gekonnt, na ja, in Physik und Chemie bin ich auch keine Leuchte. Aber auf einmal meint meine Mutter, ich hätte nur deshalb so schlechte Noten, weil ich ständig bei den Pferden bin. Sie droht, mir die Reitstunden zu streichen! Was mache ich bloß?
Berit, 15

Wenn du in diesen Fächern schon immer schwach warst, dann kann man sicher nicht die Pferde für deine Noten verantwortlich machen. (Anders sieht es natürlich aus, wenn du gerade in der letzten Zeit enorm viel Zeit mit den Pferden verbracht hast und in der Schule stark abgerutscht bist.)
Aber gerade der Erfolg in Mathe, Physik und Chemie hängt weniger vom Zeitaufwand ab als vom Verständnis. Deine Stärken liegen offensichtlich nicht in diesem Bereich. Vielleicht kannst du deine Mutter umstimmen, wenn du anbietest, Nachhilfestunden in deinen Unglücksfächern zu nehmen?
Ein guter Abschluß ist wichtig, falls du von einem Pferdeberuf träumst. Ein Schulabschluß und möglichst Abitur sind Voraussetzungen. Dafür winkt dir ein ganzes Leben mit Pferden. Da lohnt sich doch die Büffelei.

Französisch – Parcours internationale
Französisch galt mal als die verbindende Sprache im internationalen Turniersport. Inzwischen ist das deutlich zurückgegangen. Aber viele Worte und Bezeichnungen im Reitsport sind nach wie vor französisch, zum Beispiel Parcours und FEI. Es ist also bestimmt nicht schädlich, die Sprache zu lernen. Schon mal an ein Praktikum in Saumur gedacht?

Spanisch – Viva España
Barockpferderassen und Klassisch-Iberische Reitweise sind in! Vielleicht träumst du auch von feurigen Andalusiern und den dazu passenden Caballeros? Wenn du mitreden willst, beleg Spanisch als zweite Fremdsprache. Latein kann dabei aber auch ganz hilfreich sein. Spanische Vokabeln lassen sich dadurch gut knacken.

Physik und Chemie – $e = mc^2$
Zum Einschlafen, sicher! Aber zwingend notwendig, falls du an ein Studium der Tiermedizin denkst. Insofern, besser jetzt büffeln als später an der Uni.

Und wie steht's mit Mathe?
Reitsport ist teuer, und du brauchst einen kühlen Kopf, um bei all den Ausgaben den Überblick zu behalten. Insofern solltest du wenigstens so lange aufpassen, bis du weißt, wie man einen Taschenrechner bedient. Aber mal ehrlich: Manchmal ist es besser, gar nicht erst nachzurechnen.

Menschen & Pferde

Ich sehn mich so nach einem Pferd

Meine Freundinnen im Reitstall haben alle ein eigenes Pferd. Nur meine Eltern wollen davon einfach nichts wissen. Ich plage mich seit sage und schreibe sieben Jahren mit Schulpferden herum. Das ist einfach ungerecht!
Stephanie, 14

Stimmt, gerecht ist das nicht. Aber nicht alle Eltern können ihren Kindern ein eigenes Pferd kaufen. Außerdem bezweifeln die meisten, daß ihre Töchter am Ball bleiben. Die Statistiken sehen dazu nicht gut aus: Nur wenige Mädchen bleiben auf Dauer beim Reitsport. Vielleicht befürchten deine Eltern, sie stehen irgendwann allein mit dem kostspieligen Pferd da. Versuch es mit Verhandlungen: Deine Eltern könnten dir zum Beispiel versprechen, deinen Wunsch nach einem eigenen Pferd zu unterstützen, wenn du 18 wirst, deine Lehre oder dein Abitur abgeschlossen hast. Wenn du dann noch an deinem Hobby festhältst, meinst du es eindeutig ernst.

No money, no horse

Der Traum vom eigenen Pferd! Vielleicht sparst du schon seit einigen Jahren jeden Pfennig, um dir diesen Traum einmal erfüllen zu können. Aber es ist besser, dabei realistisch zu bleiben, auch wenn's schwerfällt. Der Pferdekauf ist nur der Anfang in einer langen Reihe von Geldausgaben. Da ist die Unterkunft, das Futter, und die Tierarztkosten können selbst bei jungen Pferden leicht explodieren. Das Leben ist mit 16 noch nicht vorbei. Du kannst dir deinen Wunsch erfüllen, sobald du ein eigenes Einkommen hast. Außerdem kann dir dann auch niemand mehr reinreden.

Privatpferdereiter und **Schulpferdereiter** – dazwischen verläuft in den meisten Reitställen eine tiefe **Kluft**.
Die einen halten sich für was Besseres, weil sie sich ein eigenes Pferd leisten können.

Zwei-Klassen-Gesellschaft

Die anderen lästern stundenlang darüber, wie die ihre Pferde malträtieren.

Und wer ist schuld?

Natürlich alle und keiner. Da hätscheln die einen ihre Minderwertigkeitsgefühle, und die anderen fühlen sich von der Überzahl der Nicht-Besitzer an die Wand gedrängt. **Cliquenbildung** tritt ein, dicht gefolgt von Abschottung. Mann, das muß doch nicht sein!

Ran an den Verein!

Zugegeben, manche **Vereine** sind nicht unbedingt dafür bekannt, daß sie beide Gruppen zusammenbringen. Meist werden die Privaten bevorzugt behandelt. Dabei sind es die Schulpferdereiter, die den Reitbetrieb am Laufen halten. Von Pensionsgeldern allein könnte keine Reithalle, kein Außengelände, kein Reitlehrer und kein Turnier finanziert werden.

Also raus aus der Aschenputtelrolle!

Sprecht doch mal den Jugendwart eures Vereins auf **gemeinsame Unternehmungen** an. Ein Ausflug oder ein Wanderritt bringt die beiden Lager bestimmt schnell zusammen. Und alle werden feststellen, daß die anderen doch nicht so doof sind.

Meine Mutter stirbt vor Angst, wenn sie mich auf dem Pferd sieht. Am liebsten würde sie mir das Reiten verbieten. Wie kann ich dieses endlose „Sei vorsichtig!"-Gejammere abstellen?
Jenny, 13

Keine Angst vor großen Tieren

Für deine Mutter scheinen Pferde unberechenbare Wesen zu sein, die vorne beißen und hinten ausschlagen. Hast du sie schon mal mit in den Reitstall genommen? Wenn sie weiß, wie sanft und friedlich Pferde sind, dann überwindet sie vielleicht ihre Angst vor ihnen. Oder spielt ein bißchen Eifersucht mit? Du verbringst bestimmt viel Zeit im Reitstall und redest nur noch von Pferden. Deine Mutter steht plötzlich außen vor. Kein Plauderstündchen mehr in der Küche, kein gemeinsamer Einkaufsbummel ... Redet doch mal miteinander.

Menschen & Pferde

„Vergiß deine Reitkappe nicht!" – „Was war denn bei der Vorhandwendung? Das muß aber besser klappen." – „Ja, hat dieser bekloppte Richter denn Tomaten auf den Augen?"

Wenn die Eltern Streß machen

Streß hoch drei, und die Eltern hören nicht auf zu nerven. So wird der Turniertag bestimmt zu einem rauschenden Ereignis!
Übertriebener Ehrgeiz bei den Eltern ist meist verbunden mit kleinen Erpressungen nach dem Motto: „Da kaufen wir dir ein teures Pferd, und du bist zu faul zum Üben. Wenn du nicht trainieren willst, dann kommt das Pferd eben wieder weg."
Hier ein paar Tips zur Entspannung:

TIP 1
Setz dich nicht auch noch selbst unter Druck. Das bringt gar nichts.
Wenn dir der Turnierstreß zuviel wird, dann schieb die Schule vor. So schaffst du dir Freiräume.

TIP 2
Abwechslung im Trainingsprogramm ist wichtig für deine eigene Motivation und bringt dauerhafte Erfolge.
Hol dir Rückendeckung bei deinem Reitlehrer für häufige Ausritte oder Bodenarbeit.

TIP 3
Versuch herauszufinden, warum deine Eltern vom Erfolg besessen sind.
Sind sie früher selbst geritten? Sollst du die Pokale für sie holen?

Bodenarbeit schafft super Abwechslung für dich und dein Pferd. Falls du Interesse hast, informier dich über die Arbeit von Linda Tellington-Jones.
Sie hat weltweite Erfolge mit ihrer Methode.

„Reitstallduft" – wenn häufig ausgemistet wird kein Thema.

Pferde stinken! – oder nicht?

Kaum kommt man aus dem Reitstall nach Hause, rümpft der Rest der Familie die Nase: „Wie du wieder nach Pferd stinkst!" Umziehen heißt die Devise. Was kaum jemand weiß: Im Gegensatz beispielsweise zu Hunden haben Pferde nur einen schwachen Körpergeruch. Was andere so unangenehm finden, ist der Geruch von Ammoniak, das ist schlicht und ergreifend Urin! Und der, vermischt mit anderem, stinkt. In Offenställen und artgerechten Pferdehaltungen riecht es daher fast gar nicht.

TANJA

Tanja wohnt in der Innenstadt, der Reitstall liegt am Stadtrand. Einmal in der Woche fährt ihr Vater sie zum Reiten. Aber oft kommt er zu spät, und nach der Stunde will er sofort nach Hause.

Tanja bleibt keine Zeit zum Schmusen mit ihrem Lieblingspferd oder zum Quatschen mit den Freundinnen.

MARION

Möglichst jeden Tag und bei jedem Wetter radelt Marion zu ihrem Pflegepferd Mecki.

Wenn es Backsteine regnet, macht ihre Mutter Streß. Meckis Besitzerin sieht das knallhart: Entweder sie kommt täglich, oder sie findet ein anderes Pflegemädchen.

SUSAN

Susan hat den Busfahrplan genau im Kopf. Zweimal muß sie umsteigen, um von ihrem Wohnviertel zum Reitstall zu kommen.

Und wehe, sie versäumt den letzten Bus um 18 Uhr. Dann steht ihr ein längerer Fußmarsch bevor. Im Winter ist das besonders lustig.

Endlose Radtouren zum Reitstall – und in den Boxen scharren die Pferde ungeduldig mit den Hufen.

Marathon zum Stall

Der lange Weg zu den Pferden – oft Ursache für Dauerfrust. Gleich nach der Schule los, im Dunkeln zurück, und zu Hause meckern die Eltern. Wieder mal zu spät! Hier ein paar Tips, um die Sache zu entschärfen:

Fahrgemeinschaften bilden
Hängt einen Zettel ans Schwarze Brett im Reitstall oder in eurer Schule. Haben noch andere den gleichen Weg? Können sich die Eltern abwechseln?

Macht euch keinen Streß
Pflegepferd-Arrangements wie Marions könnt ihr vergessen! Ständig die Drohung der Besitzerin im Nacken, das bringt's nicht. Falls es euch auch so geht, sprecht mit dem Besitzer oder schaltet eure Eltern ein. Vielleicht läßt sich er oder sie auf eine Reitbeteiligung ein? Oder auf ein zweites Pflegemädchen? Dann könntet ihr euch die Arbeit teilen.

Zusammen macht alles mehr Spaß
Busfahrten sind lustiger, wenn man gemeinsam fährt. Falls die Fahrgemeinschaft nicht klappt, ist es für Eltern beruhigender, wenn ihr abends nicht allein an der Haltestelle steht.

Menschen & Pferde

Verliebt in den Reitlehrer

Er sieht gut aus, ist höchstens 25, reitet megagut, und wenn er dich anlächelt, schmilzt du dahin wie Butter. Wie schön wäre es doch, wenn er dich auch bemerken würde. Wenn er endlich sehen würde, daß du eine besonders aufmerksame, besonders talentierte und besonders nette Schülerin bist.

Schmusen verboten?

In manchen Reitställen ist es nicht erlaubt, in die Boxen zu gehen und mit den Pferden zu schmusen. Bis zu einem gewissen Grad ist das okay. Pferde wollen auch mal ihre Ruhe haben. Mißtrauen ist geboten, wenn es heißt, die Pferde sind zu unberechenbar. Dann stimmt was mit dem Reitstall nicht!

Die meisten Reiter fassen ein neues Pferd an der Nase und betatschen den Kopf. Ich finde das so überfallartig.
Nicole, 14

Die Begrüßung nach Pferdeart sieht tatsächlich anders aus: Dazu bläst du vorsichtig in die Pferdenase und wartest, bis das Pferd zurückbläst. Dann kraulst du es sanft im Schulterbereich. Der Beginn einer wunderbaren Freundschaft.

Aber leider! Er behandelt alle anderen Schülerinnen genauso freundlich und lächelt sie genauso süß an. Vermutlich hat er eine Freundin, schließlich ist er nicht aus dem Nichts aufgetaucht. Außerdem bekäme er sowieso nur Ärger mit seinem Arbeitgeber, weil du leider noch minderjährig bist. Seufz ... Aber träumen wird man wohl noch dürfen?

ACHTUNG!

In vielen Reitställen geht der Klau um! Bei euch auch?

Anmache im Reitstall

Kennt ihr das auch? Der Reitlehrer behauptet, deinen Sitz zu korrigieren, dabei nutzt er bloß die Gelegenheit zum Grapschen. Einfach widerlich! Das ist immer der Moment, wo man alles hinschmeißen will, nur um dem blöden Kerl nicht mehr unter die Finger zu kommen. Aber das ist der einzige Reitstall in deiner Nähe, und günstig ist der Unterricht außerdem. Und wer kümmert sich dann um dein Lieblingspferd? Reitlehrer mit einer ausgeprägten Vorliebe für junge Mädchen – eine brandgefährliche Kombination. Schließlich haben Reitlehrer so ziemlich unbeschränkte Möglichkeiten, ihre Schülerinnen unter Druck zu setzen. Man bekommt nur noch das langweiligste Schulpferd, kriegt ständig die letzte Position in der Abteilung, kein Lob, nur noch Frust und garantiert keine Chance auf ein Pflegepferd. Nicht zu reden von der eigenen Situation: Scham, Ekel, Hilflosigkeit und Angst, sich jemandem anzuvertrauen ...

Raus aus dem Teufelskreis!
Überwindet eure Scham und redet mit den anderen Mädchen. Du wirst etwas Erstaunliches feststellen: Du bist kein Einzelfall! Vermutlich atmen die anderen erleichtert auf und berichten von ähnlichen Erlebnissen. Das beste wäre natürlich, die Eltern hinzuzuziehen. Oder machst du dir Sorgen, daß sie dich dann nicht mehr zur Reitstunde lassen?

Schluß mit blöden Sprüchen
Falls ihr das nicht riskieren wollt, überlegt gemeinsam, was ihr tun könnt. Wenn sich die Anmache meist auf doofe Sprüche verlegt, dann sprecht den Reitlehrer drauf an. Macht ihm klar, daß ihr seine Anspielungen leid seid und ihr höflich behandelt werden wollt. Stellt er sich stur, dann droht mit einer Beschwerde beim Vorstand. Nur nicht einschüchtern lassen! Zusammen seid ihr stärker als er.

Stärkere Geschütze

Wenn ihr euch gegen Antatschen, Kneifen und Grapschen wehren müßt, ist es Zeit für stärkere Geschütze. Wendet euch an eine Person, der ihr vertraut. Das kann die Jugendwartin oder der Jugendwart eures Vereins sein, eine Frau im Vereinsvorstand, eine erwachsene Privatpferdereiterin, der ihr Einfluß zutraut. Wenn sich keiner findet, dann solltet ihr nicht länger zögern, eure Eltern einzuweihen. Hier braucht ihr Unterstützung!

Dieser Test verrät, mit wem du es zu tun hast und ob der Unterrichtsstil deines Reitlehrers (oder deiner Reitlehrerin, sie sind selten, aber es gibt sie!) deinem Reittyp entgegenkommt!
Zähl die Punkte jeder deiner Antworten zusammen. Auf der nächsten Seite erfährst du, zu welchem Typ dein Reitlehrer gehört.

Dein Reitlehrer erklärt die Vorhandwendung. Wie geht er dabei vor?

Zuerst erklärt er ausführlich und macht es vielleicht sogar mit seinem eigenen Pferd vor. Dann versuchen wir es nacheinander und werden einzeln korrigiert. Aber wehe, eine hat es nach dem dritten Versuch noch nicht begriffen! Dann wird unser Reitlehrer laut!
8 Punkte

Mein Reitlehrer erklärt das einmal und wird sauer, wenn wir es nicht sofort verstehen. Er brüllt dann herum und wedelt mit der Peitsche.
2 Punkte

Mein Reitlehrer erklärt kurz und läßt es uns dann ausprobieren. Seine Lieblingsschüler korrigiert er auch mal einzeln.
4 Punkte

Zunächst wird alles ganz gründlich besprochen und wir dürfen auch Fragen dazu stellen. Dann probieren wir es einzeln, und unser Reitlehrer korrigiert so lange, bis alle es einigermaßen hingekriegt haben.
6 Punkte

In der folgenden Reitstunde möchtest du gern dein Lieblingspferd reiten. Wie fragst du deinen Reitlehrer? Und wie stehen die Chancen, daß er ja sagt?

Meistens traue ich mich gar nicht zu fragen. Mein Reitlehrer hat sich das immer schon vorher überlegt und läßt sich sowieso nicht beeinflussen. Falls er ganz gute Laune hat, kriege ich vielleicht ein „Kann ich wohl Pandur haben?" raus.
4 Punkte

Ich frage möglichst schüchtern und höflich. So ähnlich wie: „Darf ich heute bitte Pandur reiten, Herr Müller?" Dann ist es gut möglich, daß er ja sagt. Jedenfalls dann, wenn noch kein anderes Mädchen gefragt hat.
Wenn ihn zu viele mit Pferdewünschen überfallen, verliert er schnell die Geduld und schnauzt uns an.
1 Punkt

Ich flöte so was wie: „Thomas, biittee! Ich möchte soo gern mal wieder auf Pandur reiten!" Dann grinst er meistens ein bißchen und sagt ja.
2 Punkte

Ich versuche es mit: „Darf ich heute wohl wieder Pandur reiten? Ich würde die Vorhandwendung gern noch mal mit ihm üben." Meistens stimmt mein Reitlehrer dann zu.
3 Punkte

In diesem Fall lehnt dein Reitlehrer ab. Wie würde er das am ehesten formulieren?

„Du hattest Pandur doch erst letzte Woche! Heute nimmst

Dein Reitlehrer –

du mal Sina, sonst wirst du mir zu einseitig."
4 Punkte

„Immer diese Sonderwünsche. Für einen richtigen Reiter ist ein Pferd wie das andere. Du nimmst heute Sina. Mal sehen, ob du oben bleibst!"
1 Punkt

„Tut mir leid, aber den hab' ich schon Meike versprochen. Nimm du mal Sina – das Fuchsrot paßt auch besser zu deiner Haarfarbe!"
2 Punkte

„Ich denke, die Vorhandwendung übst du heute mal auf Sina. Pandur ist gestern drei Stunden gegangen, der soll heute auf die Weide. Du kannst ihn rausbringen, bevor du Sina fertig machst."
3 Punkte

Deine Stute hat gescheut, und du bist heruntergefallen. Wie reagiert dein Reitlehrer?

„Mit Knieschluß wär das nicht passiert! Steig schnell wieder auf und dann gleich noch mal angaloppieren. Treib sie energisch, dann scheut sie auch bestimmt nicht mehr!"
8 Punkte

„Ah, da wird ja wieder eine Runde fällig, aber tröste dich, bevor du nicht zehnmal runtergefallen bist, bist du kein richtiger Reiter!"
2 Punkte

„Sieh an, ein gefallenes Mädchen. Steig auf und überleg schon mal, wie du gleich die Runde bezahlst."
4 Punkte

„Probier erst mal in Ruhe, ob dir wirklich nichts weh tut. Dann steigst du wieder auf und reitest im Schritt an der Ecke vorbei, in der sie gescheut hat. Und denk an deinen Knieschluß!"
6 Punkte

Dein Reitlehrer entdeckt, daß du beim Satteln die Decke falsch aufgelegt hast. Wie reagiert er?

Er schimpft fürchterlich! Das hat er uns schließlich schon dreimal ausführlich erklärt. Anschließend trommelt er dann garantiert die ganze Abteilung zusammen und erläutert das Ganze noch mal.
4 Punkte

Wahrscheinlich merkt er das gar nicht. Er kontrolliert selten, ob wir richtig gesattelt haben. Wenn doch, dann kriege ich einen dicken Rüffel.
1 Punkt

Da macht er keine große Sache draus. Wahrscheinlich läßt er mich einfach so reiten. Ist ja nur ein Schönheitsfehler.
2 Punkte

Er fragt, ob mir noch nie jemand gezeigt hätte, wie man richtig sattelt, und macht dann gleich einen Schnellkurs für alle.
3 Punkte

Engagiert sich dein Reitlehrer auch außerhalb des Unterrichts für seine Reitschüler? Ermöglicht er zum Beispiel auch den Schulpferdreitern die Teilnahme an Turnieren und Abzeichenprüfungen?

Ja, so oft wie möglich.
3 Punkte

Selten, höchstens mal seinen Lieblingsschülern.
2 Punkte

Nie.
1 Punkt

Kavallerist oder Pädagoge?

AUSWERTUNG

Zähl die Antwortpunkte zusammen. Unter der entsprechenden Punktzahl findest du zunächst ein paar Infos zum Typ deines Reitlehrers oder deiner Reitlehrerin. Deinen eigenen Reittyp kennst du ja schon aus dem Test auf Seite 30 und 31. Der Zusatzpunkt „Lehrer und Schüler" verrät dir, wie gut du mit dem Stil deines Reitlehrers zurechtkommst.

27 – 31 Punkte

Wenn dieser Reitlehrer die Halle betritt, bebt die Abteilung. Sogar die Pferde nehmen Haltung an, sobald seine Befehlsstimme ertönt. In der Regel kennt er seine Schulpferde ebenso gut wie seine Schülerinnen. Er weiß, was er von allen Beteiligten fordern kann, und gerät in gerechten Zorn, wenn das dann doch nicht klappt! Sein Repertoire an Schimpfwörtern ist legendär, aber er wird sich nie zu sexistischen Anspielungen hinreißen lassen oder unbeherrscht die Peitsche schwingen. Ganz sicher verlangt er auch nichts von seinen Schülern, was er selbst nicht kann. Seine eigenen Pferde und seine Berittpferde gehen traumhaft. Er faßt sie nicht mit Samthandschuhen an, aber sein Umgang mit ihnen ist immer korrekt. Dein Reitlehrer ist sicher kein guter Pädagoge und will das auch gar nicht sein. Aber er hat etwas zu vermitteln und tut das mit all seiner Energie. Vielleicht zitterst du jetzt noch vor ihm, aber später wirst du von ihm schwärmen. Laß dich nicht von seiner Herumbrüllerei frustrieren, sondern nimm alles mit, was du von ihm lernen kannst!

Lehrer und Schüler:

Die <u>Sensible</u> ist todunglücklich und neigt dazu, in Tränen auszubrechen. Der Reitlehrer hat dafür leider gar kein Verständnis. Die <u>Besonnene</u> schimpft nach der Reitstunde über seine rüden Sprüche und Methoden, kommt reiterlich aber erstaunlich schnell weiter. Die <u>Engagierte</u> versinkt sofort in Minderwertigkeitskomplexen, macht aber trotzdem weiter. Die seltenen Lobesäußerungen dieses Reitlehrers notiert sie in ihrem Tagebuch. Die <u>Verwegene</u> lernt eine Menge, auch wenn sie manchmal unsanft aus allzu ehrgeizigen Träumen gerissen wird.

19 – 26 Punkte

Dein Reitlehrer – oder ist es eine Reitlehrerin? – kann gut erklären und bemüht sich um fundierten, auf jeden einzelnen Schüler zugeschnittenen Unterricht. Er überlegt sich den Ablauf der Stunde genau und versucht, niemanden zu überfordern. Auch die Möglichkeiten seiner Schulpferde kann er gut einschätzen. Geschrei und Peitscheneinsatz kommen in seinen Stunden nicht vor. Gelobt wird mindestens ebensoviel wie getadelt. Die Berittpferde dieses Reitlehrertyps erhalten eine fundierte, einfühlsame Ausbildung. Dieser Reitlehrertyp ist sicher der angenehmste. Sein Unterricht fordert aber auch besonders viel Einsatz und Mitdenken. So wird dich dieser Reitlehrer zum Beispiel nur einmal pro Stunde auf deine hochgezogenen Fersen hinweisen. Typ 1 täte es hingegen zehnmal und garnierte seine Bemerkungen mit farbigen Schimpfwörtern! Dein Reitlehrer gibt sich mit Teilerfolgen zufrieden, was an sich sehr lobenswert ist. Manchmal wiegt er dich dabei allerdings in trügerischer Sicherheit

58

und vermittelt dir eine beschönigende Vorstellung von deinen Fortschritten.

Lehrer und Schüler:
Der Idealtyp für die Sensible. Die Besonnene wird dagegen etwas zu wenig gefordert. Die Engagierte fühlt sich mitunter unterfordert, obwohl ihr die Aufgeschlossenheit des Reitlehrers auch gegenüber ungewöhnlichen Fragen und Vorschlägen gefällt. Auf die Verwegene wirkt dieser Reitlehrertyp wohltuend dämpfend. Er versteht es, sie reiterlich zu fördern und ihren Ehrgeiz in die richtigen Bahnen zu lenken.

13 – 18 Punkte

Dein Reitlehrer hält sich für einen tollen Typen! Er baggert die Mädchen an, wo er nur kann. Er reduziert den Unterricht auf ein Mindestmaß und ist schwerpunktmäßig damit beschäftigt, sich selbst ins richtige Licht zu setzen. Das merkt man auch im Umgang mit seinem eigenen Pferd und seinen Berittpferden. Alles zielt darauf ab, die Pferde schnell turnierfähig zu machen, damit sie zu seinem Ruhm beitragen. Möglicherweise ist dein Reitlehrer ein erfolgreicher Turnierreiter, aber im Alltag macht er manchmal fatale Fehler. So ist es zum Beispiel nicht selten, daß er junge Pferde zu schnell zu hoch springen läßt, um ihren Besitzerinnen zu imponieren. Je nachdem, ob dein Reitlehrer punktemäßig mehr zu Typ 2 oder zu Typ 4 tendiert, hat er reiterlich mehr oder weniger zu vermitteln. Möglicherweise ist er ein recht guter Reiter und macht gar keinen schlechten Unterricht, wenn er seine Allüren mal fünf Minuten ablegt. Vielleicht beruhen seine Turniererfolge aber auch nur auf rücksichtsloser Ausnutzung der Leistungsbereitschaft seiner Pferde. Betrachte ihn und seine Reitstunden auf jeden Fall mit kühlem Kopf und laß dich nicht zu blinder Bewunderung hinreißen!

Lehrer und Schüler:
Die Sensible fühlt sich von den Machoallüren dieses Reitlehrers abgestoßen. Die Besonnene lauscht manchmal lieber seinen Erzählungen und sonnt sich in seinem Lob, als sich reiterlich anzustrengen. Die Engagierte findet diesen Reitlehrer nur blöd. Die Verwegene findet hier oft Unterstützung für ihre Turnierträume, aber nicht immer qualifizierte Förderung.

7 – 12 Punkte

Der Unterricht deines Reitlehrers ist nicht gut, aber laut. Er brüllt seine Anweisungen, erklärt wenig, aber schimpft viel. Klappt es nicht zwischen dir und deinem Pferd, so läßt er auch mal die Peitsche sprechen und lacht sich kaputt, wenn das Pferd dann flieht und du in Raumnot gerätst. Herunterfallen ist für ihn keine bedauerliche Panne, sondern selbstverständlicher Bestandteil seines Unterrichts. Sein eigenes Pferd und seine Berittpferde leben in heiliger Furcht vor ihm, und wenn du ihm mit kritischem Blick zusiehst, erkennst du, daß er mehr mit Sporeneinsatz als mit Reitkunst arbeitet. Dieser Reitlehrer ist weder ein guter Pädagoge, noch ein guter Reiter. Sieh zu, daß du möglichst bald einen anderen Reitstall findest, in dem besserer Unterricht erteilt wird. Hier lernst du allenfalls richtiges Abrollen beim Runterfallen!

Lehrer und Schüler:
Die Sensible und die Besonnene überlegen ernstlich, ob sie das Reiten aufgeben. Die Engagierte steht am Rand der Reitbahn und leidet mit den armen Pferden. Die Verwegene nölt, weil sie nicht weiterkommt. Dieser Reitlehrer ist Gift für alle Reittypen!

Alles horsy,
Es gibt ein Leben

oder was?
neben dem Pferd

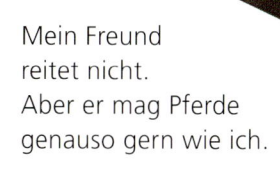

Mein Freund reitet nicht. Aber er mag Pferde genauso gern wie ich.

Mein Pferd ist echt das stärkste! Aber gemeinsame Aktionen mit der Clique machen auch Spaß.

Warum sieht er nicht rüber? Kann doch nicht sein, daß er nur Augen für sein Pferd hat?

„Iihh, Pferdeküsse!" sagt mein Freund immer, wenn Nordwind mit mir schmust. Kann ich was dafür, daß sein Moped nie so zärtlich zu ihm ist?

Alles horsy, oder was?
Horsy Girls und ihre Freunde

Beziehungskisten mit Leuten, die der Pferdebazillus nicht erwischt hat – das kann Probleme geben! Reiten und Pferde machen einfach Spaß, und am liebsten möchte man allen davon erzählen. Plötzlich hat man auch nicht mehr viel Zeit für anderes. Daß sich da einige Leute zurückziehen, liegt auf der Hand ...
Die Frage ist nur: Muß die Pferdebegeisterung Freundschaften unbedingt belasten? Kann man nicht trotzdem mit jemandem zusammen sein, der nicht horsy ist? Und finden sich Freunde ab sofort nur noch im Reitstall?

Hurra, Gleichgesinnte!

Wenn die anderen Mädchen im Reiterstübchen sitzen und klönen, treffen sich Kirsten und Gisela in der Futterkammer. Dem Futtermeister beim Verteilen der Haferrationen zu helfen ist für sie das schönste. Ann-Kathrin und Frederike stehen auf Dressurreiten. Sie haben sich auf einem Turnier kennengelernt und besuchen sich neuerdings auch gegenseitig im Reitstall. Carina und Gesa wiederum treffen sich am Weidezaun. Wäre es nicht genial, wenn alle Pferde so viel Auslauf bekämen wie die Ponys auf der Weide? Ein paar Minuten später träumen die beiden vom Ausritt auf Islandpferden ...

Der Reitstall oder der Turnierplatz – immer ein Treffpunkt für Gleichgesinnte. Das gemeinsame Hobby verbindet und bietet Raum für Wünsche und Vorlieben: Wenn zwei die gleichen Träume haben, finden sie sich früher oder später zum Klönen und Planen zusammen. Wer weiß, vielleicht teilen sich Kirsten und Gisela bald ein Pflegepferd. Ann-Kathrin und Frederike haben ihren Turnierplan für nächstes Jahr sicher schon aufeinander abgestimmt. Und Carina und Gesa sieht man in der letzten Zeit verdächtig häufig mit Reiseprospekten. Ob sich ein gemeinsamer Urlaub auf Island realisieren läßt?

Falls du in deinem Reitstall keine Gleichgesinnten findest, dann versuch es doch mal mit einer schriftlichen Kontaktaufnahme. Pferde- und Reitzeitschriften gibt es inzwischen zu fast allen Schwerpunktthemen, und viele haben spezielle Jugendseiten, auf denen du Kontaktwünsche findest. Oder wie wär's mit einem Chat im Internet? Unter dem Stichwort „Pferde" gibt's hier jede Menge Adressen und Kontakte ...

Das Gerede vom Pferdetick

In meiner Clique habe ich mich bis vor kurzem total wohlgefühlt. Gemeinsam in die Eisdiele oder in die Disko – das war immer das größte. Als ich zum ersten Mal zur Reitstunde durfte, haben sich die anderen auch noch mitgefreut. Aber jetzt haben sie plötzlich kein Verständnis mehr. Sie sagen, ich hänge zu oft im Reitstall rum. Besonders die Typen stänkern ständig, und langsam kann ich das blöde Geschwätz von wegen „Pferdetick" echt nicht mehr hören!
Karen, 14

Das sieht nicht gut aus für deine Clique und dich. Die Jungs nerven jetzt schon, und die Mädchen halten dir offenbar auch nicht die Stange. Ist da Eifersucht im Spiel? Wenn sich das nicht in absehbarer Zeit ändert, suchst du dir am besten andere Leute. Vielleicht bist du ja jetzt schon lieber mit den Leuten aus dem Reitstall zusammen als mit deiner alten Clique. Es wäre natürlich toll, wenn du zumindest lockeren Kontakt zu ihr halten könntest. Was spricht schließlich dagegen, sich abends mal in der Disko zu treffen, auch wenn man sonst nicht mehr viel zusammen macht?

Das Pferd oder ich

Am letzten Samstag hat es bei Babsi und Carsten gefunkt. Aber schon nach ein paar Tagen nervt Carsten rum, weil Babsi jeden Nachmittag im Reitstall verbringt. Mag sie denn die Pferde mehr als ihn? Ein dickes Problem für Babsi: Einerseits möchte sie gern mit Carsten zusammensein, andererseits sind ihr die Pferde sehr wichtig. Erste Regel in einem solchen Fall: Nicht erpressen lassen! Dein Freund sollte deine Pferdebegeisterung verstehen. Er wird seine eigenen Hobbys schließlich auch nicht aufgeben! Interesse am Hobby des anderen ist wichtig. Auf Dauer hat die Freundschaft nur eine Chance, wenn die beiden auch gemeinsame Interessen haben.

Nicht alle Mädchen sind horsy ...

Lena ist seit der Grundschulzeit meine allerbeste Freundin. Wir haben immer alles zusammen gemacht. Aber jetzt nehme ich Reitstunden und bin so oft es geht im Reitstall. Lena interessiert das leider gar nicht. Muß unsere Freundschaft darunter leiden? Was kann ich tun?
Annika, 14

Keine Angst, eine gute, alte Freundschaft geht so schnell nicht kaputt. Ihr habt viel gemeinsam und steht euch sehr nah. Lena ist zwar nicht horsy, aber vielleicht mag sie Tiere. Außerdem habt ihr sicher genügend gemeinsame Themen, steht nach wie vor auf die gleiche Musik und habt gemeinsame Freunde. Du solltest sie mit Pferdegeschichten aber nicht überstrapazieren. Der Schwerpunkt eurer Gespräche sollte auf gemeinsamen Interessen liegen.

Alles horsy, oder was?
Der Champion

Er ist sportlich, dynamisch, gutaussehend, meist Springreiter und in aller Regel mit einem oder mehreren Pferden gesegnet. Selbstredend versteht er mehr von Pferden als der Reitlehrer, und Fachlektüre ist unter seiner Würde. Für ihn ist es völlig normal, daß alle Mädchen in ihn verknallt sind. Die Pferde des Champions sind von ihm und seinen Reitkünsten meist weniger begeistert. Oft versuchen sie, ihm durch Pullen und Durchgehen zu entkommen. Der Typ nennt das „Vorwärtsdrang" und nutzt es, um Schleifen auf Springturnieren und Ruhm auf Reitjagden einzuheimsen. Hier ist Vorsicht geboten! Freundinnen wechselt er ebenso rasch wie Turnierpferde, wenn sie nicht „spuren".

Mamas Liebling

Er ist eher klein und rundlich, macht einen etwas unterentwickelten Eindruck und reitet sein Pferd mit mäßigem Erfolg. Den Reitlehrer treibt er mit seinem Phlegma zum Wahnsinn. Es macht ihm nichts aus, allein unter Mädchen in der Abteilung zu reiten und dabei nicht der Beste zu sein. Gern stellt er dir sein Pferd für Reitabzeichenprüfungen oder andere Anlässe zur Verfügung. Reiten betreibt er gänzlich leidenschaftslos. Wahrscheinlich mag er Pferde nur deshalb lieber als Motorräder, weil er nicht daran denken muß, sie aufzutanken. Um an den ranzukommen, brauchst du viel Zeit und Geduld. Er hat ein dickes Fell …

Jungs im Reitstall

Jungs im Reitstall zwischen 15 und 20 sind nicht gerade zahlreich. Aber das ist meist auch schon das Hauptgewinn gemeinsam gehören zu einem der

Der einsame Cowboy

Er ist Dressurreiter oder Westernreiter, und er versteht etwas von seinem Sport. Jedes Pferd ist total verändert, wenn er sich in den Sattel schwingt. Er verwandelt Durchgänger in zahme Lämmchen, und er läßt das langweiligste Schulpferd aussehen wie einen Andalusier. Man könnte ihn stundenlang bewundern – wenn er einem die Chance dazu geben würde. Aber am liebsten verschwindet er mit seinem Pferd im Wald und reitet zu Zeiten, an denen Normalsterbliche schlafen. Er hat nur Augen für sein Pferd. Er würde selbst Pamela Anderson in der Abteilung nicht bemerken. Eine Beziehung zu ihm aufbauen, bedeutet üben, üben, üben.

Er wird dich nur dann wahrnehmen, wenn du genauso super mit Pferden umgehen kannst wie er. Ob er dann aber auch über etwas anderes reden kann, als über Californian Style oder Texas Style, ist die Frage.

Der Tierfreund

Er ist im Reitstall, weil er Pferde liebt. Alles andere ist ihm gleichgültig. Garantiert trägt er niemals Reithosen in Modefarben, meidet Partys wie die Pest und geht Turniere oder Prüfungen ohne jeglichen Ehrgeiz an. Ihm ist es egal, ob er der einzige männliche Schulpferdereiter im ganzen Verein ist und daß die anderen Jungs ihn stets von oben herab behandeln. Es wird ihn nicht davon abhalten, ihre Pferde mitzutränken, wenn sie es wieder mal vergessen haben. Stehst du auf einen wirklich echten Tierfreund, dann ist er eine lohnende Aufgabe. Du mußt allerdings damit rechnen, deine Wochenenden im Zoo oder Naturpark zu verbringen.

selten ein Megahit!

einzige, was sie mit einem haben! Die meisten Boys beschriebenen Typen.

Alles horsy, oder was?

Traumboy gesichtet!

Der Megatyp, von dem alle Pferdemädchen träumen – in deinem Reitstall ist er tatsächlich aufgetaucht!!! Er mag Pferde, reitet ganz ordentlich und sieht einfach stark aus. Jetzt muß er sich nur noch in dich verlieben.

1. Natural Girl

Dein Traumboy ist im Reitstall, weil er Pferde mag. Er steht also eher auf ‚Natur' als auf ‚schrill'. Mit megacoolen Diskoklamotten schreckst du ihn vielleicht nur ab. Tip: Mach einen auf Naturtyp. Ein dezentes Make-up genügt völlig. Bei den Reitklamotten ist reine Zweckmäßigkeit angesagt. Nur kein unnötiger Aufwand. Viel mehr Wirkung als mit coolen lila Chaps erzielst du, wenn du im richtigen Moment einen Hufkratzer aus der Tasche ziehst.

2. Gegen den Strom!

Beobachte ihn mit den anderen Mädchen. Stürzen sie sich gemeinsam auf ihn? Im Reiterstübchen, in der Sattelkammer? Vielleicht albern sie rum und kichern ständig? Das wird ihm bald auf die Nerven gehen. Stell fest, wohin er sich zurückzieht. Das nächste Mal wird er dich dort vorfinden: allein, beim Schmusen mit seinem Lieblingspferd. Wichtig ist, aus der Masse herauszutreten, es anders zu machen, als die anderen. Aber Vorsicht mit Übertreibungen. Du bist der lässige Naturtyp!

3. Flirts

Dein Traumboy wird von allen Mädchen im Reitstall mit Flirtattacken überschüttet. Auch hier lautet die Devise: Gegen den Strom schwimmen! Du verzichtest auf kokettes Wimpernklimpern und überraschst ihn mit kompetentem Fachwissen. Rede über Pferde, den Reitunterricht, andere Reitstile. Er wird erleichtert sein, sich endlich ernsthaft unterhalten zu können.

4. Das Date

Nun kann es nicht mehr lange dauern, bis er dich nach der Reitstunde einlädt. Vielleicht ins Kino? Mach dich auf „40 Meilen westwärts" oder „Black Beauty" gefaßt. Oder zu Pferdeschauen und Messen? Das kannst du natürlich auch selbst anregen. Eine Einladung zum Beispiel zur Equitana wird er wohl kaum ablehnen.

Horsy Boys sollte man festhalten. Sie sind selten!

WARNING!

Prinzen aus der Zeitschrift

Er sieht super aus, liebt Pferde und reitet phantastisch. Obendrein ist er so verzweifelt solo, daß er mit Hilfe einer Zeitschrift eine Freundin sucht. Wer's glaubt, wird selig! Der Boy ist von einer Agentur, seine Story aus der Redaktion. Diesen Prinzen küssen, heißt einen Frosch bekommen.

Horsy Girls & ihre Boys

Der Wasserträger

Er begleitet dich in den Reitstall und sonntags zum Turnier. Er trägt deinen Sattel und schleppt Wasser auf die Pferdeweide. Beim Heustapeln und der anschließenden Reitstallfete ist er begeistert dabei. Ein Glücksfall! Paß auf, daß ihn dir keine andere ausspannt.

Der Möchtegern-Cowboy

Er versichert dir, Reiten sei sein Traumsport. Leider kommt ihm immer was dazwischen, wenn du ihn in den Reitstall mitnehmen willst. Aber er wünscht sich nichts so sehr, wie mit dir über die Felder zu galoppieren. Westernreiten, das wär's! Vergiß es! Fürs Reiten interessiert er sich nicht. Der spuckt nur große Töne.

Der Tolerante

Er interessiert sich nicht für Pferde und hat das auch nie behauptet. Seine eigenen Hobbys sind ihm wichtig, deshalb hat er Verständnis für deines. Ein toller Typ. Gratuliere.

Der Eifersüchtige

Sein Dauerproblem ist, daß du die Pferde mehr lieben könntest als ihn. Diese alberne Frage kann er stundenlang diskutieren. Er führt Buch über jede Minute, die du zusätzlich im Reitstall verbringst. Auf die Dauer wird das lästig. Leg den Typen ab.

Futtern wie ein Pferd

Futtern wie

"Mann, habe ich auf dem Bild einen dicken Hintern!" Ein typischer Kommentar zu einem tollen Foto von deinem Lieblingspferd. Aber eins zerstört die schöne Aufnahme: Dein Hintern ist mit aufs Bild gekommen. Und den findest du viel zu dick und viel zu groß. Plötzlich ist ganz egal, daß dein Lieblingspferd **einfach süß** in die Kamera blickt. Jeder wird bestimmt nur auf deinen Po starren.

Dicke Beine, dicker Hintern!

Natürlich ist das völliger Blödsinn! Niemand außer dir findet dein Hinterteil irgendwie auffällig. Trotzdem verbringst du vielleicht die nächsten Stunden **verzweifelt** vor dem Spiegel: Deine Oberschenkel sind zu dick, deine Waden könnten einem Fußballer gehören ... Kommt das alles vom Reiten?

Alle starren darauf.

Reiten ist ein Sport, es trainiert also bestimmte **Muskelgruppen.** Besonders die Beinmuskulatur nimmt an Volumen zu. Das ist völlig normal und durch Abmagerungskuren nicht zu ändern. Die Beine werden aber nicht schwabbelig, sondern kräftig und straff, etwa wie die von Leistungsschwimmerinnen.
Glaub bloß nicht, daß Jungs nur auf **Spargelbeine** stehen. Das wollen uns lediglich die Modeindustrie und ihre untrainierten megadürren Models einreden. Reiterbeine sind sexy! Nur wir Frauen lassen uns von den Werbekampagnen beeindrucken.
Was die Polsterung deiner Kehrseite angeht, so hat sie wenig mit Reiten zu tun. Mehr oder weniger weibliche Formen sind Veranlagungssache. Ein eher rundes Hinterteil bleibt durch das Reiten jedoch besser in Form. Die Muskulatur wird gekräftigt, und die Haut bleibt straffer.

Ob das vom Reiten kommt?

Alarmzeichen für Reiterinnen sind also ganz bestimmt nicht der "dicke" Hintern oder die "Reiteroberschenkel". Nur wenn die Oberarmmuskulatur zunimmt und die Ursache nicht im Wasserschleppen oder Zäune bauen liegt, sondern in allzu kräftiger Zügelführung, dann solltest du dir ernsthafte Gedanken machen. Die Kraft, die du hier aufwendest, wirkt auf das empfindliche Maul deines Pferdes ein. Und das ist leider nicht so gut gepolstert wie der menschliche Po!

ein Pferd

Beim Thema „Figur" weicht unsere **Selbsteinschätzung** sehr oft von der Meinung anderer ab. Würdest du gern aussehen wie Kate Moss, oder

Die Jagd nach der Idealfigur

träumst du von mehr Fülle im BH? Oder gehörst du zu denen, die glauben, daß alle nur auf deine Oberweite starren, und einem Trab in der Halle am liebsten ausweichen?

No Chance ...

Wenn du nicht tatsächlich Übergewicht hast, ist eine **Hungerkur** ziemlich sinnlos. Dann hast du für dein Alter und deine Größe genau das richtige Gewicht. Schaffst du es, einige Pfunde herunterzuhungern, kannst du sicher sein, daß du sie in kürzester Zeit wieder drauf hast.

Dein Körper braucht sie, um normal zu funktionieren. Ob mager und knochig oder weiblich gerundet, die Grundform des Körpers ist genetisch fixiert. Nur grobe Ernährungsfehler, Freß- oder Magersucht können sie wesentlich beeinflussen. **Gesund** ist das allerdings nicht. Freunde dich am besten mit deiner Grundfigur an. Und setz deinen Ehrgeiz eher darein, sie zu optimieren, statt zu verändern.

No Problem!

Horsy Girls haben mit Gewichtsfragen in der Regel sowieso **keine Probleme.** Reiten gehört zwar nicht zu den Sportarten, bei denen Unmengen Kalorien verbrannt werden, aber der Umgang mit Pferden fördert die allgemeine Beweglichkeit. An einem Nachmittag im Reitstall bist du schließlich ständig in Aktion. Pferdeputzen trainiert die Armmuskulatur. Reiten festigt Beinmuskeln und Rücken, und ist gut für die Haltung. **Stallausmisten** bedeutet schweres Heben und Schieben, bei der Hufpflege machst du eine Kniebeuge nach der anderen. Im Fitness-Studio müßtest du

Futtern wie ein Pferd ...
Wenn du dein Gewicht halten willst, dann orientier dich an der Speisekarte deines Lieblingspferdes. Wetten, daß nichts dabei ist, was dick macht?

100 g Möhren	35 Kalorien / 146 Joule
100 g Äpfel	52 Kalorien / 218 Joule
100 g Haferflocken	402 Kalorien / 1682 Joule
100 g Leinsamen	421 Kalorien / 1762 Joule
1 Scheibe trockenes Brot	112 Kalorien / 470 Joule
100 g Rote Beete	37 Kalorien / 154 Joule
1 Banane	90 Kalorien / 376 Joule

Futtern wie ein

eine ganze Reihe von Geräten durchlaufen, bevor du so viel für deinen Körper getan hättest. Nicht zu vergessen die seelische Komponente: Pferde machen glücklich, und es gibt keinen sichereren Weg zum individuellen **Idealgewicht** als ein ausgeglichener Seelenzustand. Richtig essen! Bewegung macht hungrig, und du tust dir keinen Gefallen, wenn du deinen Drang, nach der Reitstunde euren Kühlschrank zu plündern, unterdrückst.

Eine Hungerkur schlägt nur auf den Kreislauf und macht schlapp. Besser ist ernährungsbewußtes Futter: mehr Eiweiß als Fett, Vollkornprodukte statt **Schokoriegel.** Falls du also im Stall Hunger bekommst: der Griff in die Möhrenkiste ist nicht verkehrt. Vorausgesetzt, dein Pferd hat nichts dagegen. Kalorienzählen an sich ist sinnvoll. Es ist immer gut, eine ungefähre Vorstellung vom Brennwert der wichtigsten Nahrungsmittel zu haben. Sofern du kein Übergewicht hast, solltest du die Kalorienzufuhr aber nicht unter 2000 drücken. Lieber ein bißchen mehr Sport treiben. Hufauskratzen macht vielleicht nicht immer Spaß, aber hält fit.

Pferd

Kalorienverbrauch

Diese kleine Tabelle zeigt dir, wie viele Kalorien du beim Reiten und beim Umgang mit Pferden verbrauchst.

Aktivität	Kalorienverbrauch pro Stunde
Spazierengehen mit dem Pferd	200 - 400
Sattel und Zaumzeug putzen	150 - 250
Radfahren	250 - 500
Pferd putzen	250 - 350
Stroh stapeln	400 - 500
Zäune bauen und reparieren	250 - 400
Reiten	300 - 400
Wasser tragen	ca. 300

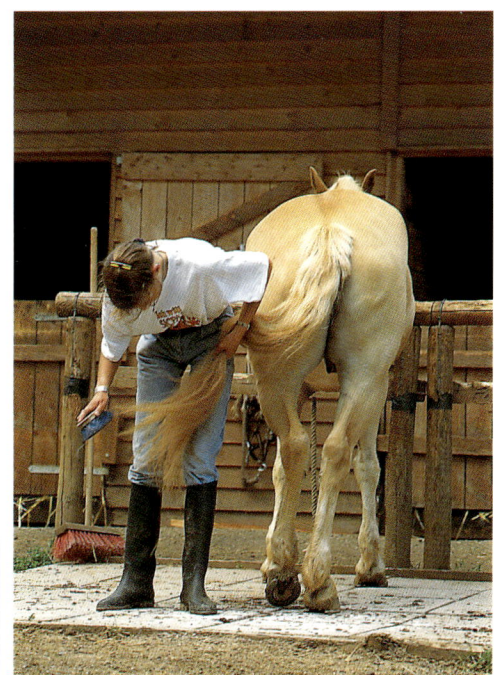

Love Story

Eine neue Liebe für Sarah?

Philip war etwas aufgeregt. Tagelang hatte er nach einem Geschenk für Sarah gesucht. Er tastete nach der liebevoll verpackten kleinen Schachtel in seiner Tasche. Sie enthielt ein Silberkettchen mit einem springenden Pferd als Anhänger. Sarah liebte Pferde, hoffentlich gefiel ihr das Kettchen. Er hatte sein ganzes Taschengeld dafür ausgegeben.

Nervös blickte er auf seine Uhr. Er war mit Absicht zu früh zu Sarahs Geburtstagsparty aufgebrochen, um ihr sein Geschenk unter vier Augen überreichen zu können. Da wurde die Haustür vor ihm aufgerissen. „Schau dir an, was mein Papi mir geschenkt hat!" Sarah sprühte vor Glück und fiel Philip zur Begrüßung um den Hals. „Alles Liebe zum Geb..." Aber Sarah ließ ihn nicht ausreden. „Komm mit in den Garten. Ich muß es dir unbedingt zeigen, sonst platze ich vor Glück!" Sie zog ihn durch den Flur hinaus in den Hintergarten. Überrascht blieb Philip stehen. Noch letzte Woche waren hier Gemüsebeete, ein Schuppen für Gartengeräte und eine grössere Rasenfläche. Jetzt blickte er auf einen Sandauslauf, und der Schuppen hatte sich in einen Stall verwandelt. Ein kleiner Schimmel mit großen, munteren Augen streckte seinen Kopf aus der Box und sah ihnen erwartungsvoll entgegen.

„Das ist Romeo! Ist er nicht wundervoll?" Philip schwieg, er wußte nicht gleich etwas darauf zu antworten.

„Jetzt brauche ich nicht mehr dauernd in den Reitstall und die langweiligen Schulpferde reiten! Romeo gehört mir ganz allein. Er ist ein halber Araber, weißt Du ... ach, er ist einfach das wundervollste Pferd der Welt! Das ist das schönste Geschenk, das ich je bekommen habe!" Liebevoll streichelte Sarah Romeos Kopf und kraulte ihn hingebungsvoll. Sie schien ihren Freund völlig vergessen zu haben. Philip beobachtete sie eine Weile, dann zuckte er die Schultern und ging zurück ins Haus.

„Wie sieht's aus, gehen wir heute ins Kino?" Philip schob sein Fahrrad neben Sarah und ihre Freundin Kathrin. „Im Universal läuft dieser irre Film mit den Aliens!" „Der mit den tollen Trickeffekten? Klar, es ist nur ..., tut mir leid, Philip, heute kann ich nicht. Ich muß mit Romeo zum Hufschmied." Bedauernd schüttelte Sarah den Kopf. „Heute mußt du zum Hufschmied, gestern war es die Reitstunde. Vorgestern hast du mich abblitzen lassen, weil du bei dem super Wetter unbedingt ausreiten wolltest. Außer Romeo ist dir doch gar nichts mehr wichtig!" Philip wollte Sarah nicht verlieren, deshalb hatte er sich vorgenommen, geduldig zu bleiben. Das fiel ihm jedoch nicht leicht, besonders wenn er sehen mußte, wie sehr Sarah an Romeo hing. Jede freie Minute verbrachte sie bei ihm im Stall, jedes Gespräch drehte sich um das „liebste und beste Pferd auf der Welt". Immerhin trug sie Philips Halskettchen mit dem kleinen silbernen Pferd. Aber sonst schien von ihrer Liebe nicht mehr viel übriggeblieben zu sein.

Sarah war wie ausgewechselt. Dachte sie niemals daran, wie er sich fühlte?
„Für mich hast du wohl gar keine Zeit mehr?"
„Ist doch Quatsch, Philip, natürlich habe ich noch Zeit für dich ... nur heute eben nicht. Es ist das erste Mal, daß Romeo beschlagen wird. Da kann ich ihn doch nicht allein lassen." Sarah druckste ein bißchen herum.
„Trag's mit Fassung, Philip. Vielleicht hält sie dir beim nächsten Mal auch das Händchen, wenn du neue Schuhe kriegst", kicherte Kathrin.
„Veralbern kann ich mich alleine!" Philip wurde wütend. Diese blöden Weiber mit ihren Gäulen! Aber er riß sich zusammen. „Also wird es heute nichts mit Kino?" Sarah schüttelte nur den Kopf.
„Okay, wir können auch ein anderes Mal gehen. Sag mir einfach Bescheid, wenn Romeo dir mal Zeit läßt."
Er schwang sich auf sein Fahrrad. „Kommst du noch mit bis zur Bushaltestelle?"
„Ich fahr zu Christian. Er hat ein neues Computerspiel bekommen, ‚Aliens from outer space'. Soll ein irres Teil sein. Und da du nicht mit ins Kino kommen kannst, habe ich Zeit dafür."
Sarah verdrehte die Augen.
„‚Aliens from outer space'. Was für ein Schwachsinn, stundenlang Monster abzuschießen."
„Auch nicht schwachsinniger, als einem Pferd die Hufe hochzuhalten!"
„He! Warte doch!" rief Sarah ihm nach, aber er hörte nicht hin.

Annika steckte den Kopf zur Tür herein. „Deine Sarah ist am Telefon. Hattet ihr Krach? Sie klingt etwas kleinlaut."
„Nee, Krach nicht. Kleine Meinungsverschiedenheit."
Mit klopfendem Herzen, aber nach außen betont gelassen, nahm Philip seiner Schwester den Hörer aus der Hand. „Ja, Sarah? Was gibt's?"
„Philip, hallo! Ich wollte ... es tut mir leid ... ich meine, wegen heute mittag. Vielleicht könnten wir morgen zusammen ... falls du Lust hast ... zusammen spazierengehen? Im Stadtwald?"
„Ja, klar, warum nicht? Soll ich dich abholen? So gegen drei?"

Mit Flugzeugen im Bauch bog Philip am nächsten Tag in Sarahs Straße ein und blieb überrascht stehen. Sarah wartete bereits auf ihn, und neben ihr stand Romeo. Die Flugzeuge stürzten alle auf einmal ab.
„Ist was mit Romeo? Willst du unseren Spaziergang absagen?"
„Nein, warum denn?" Sarah lachte ihn strahlend an. „Romeo kommt mit. So ein bißchen Bewegung an der Hand tut ihm gut. Als Abwechslung zum Reiten. Du hast doch nichts dagegen, oder? Er stört auch garantiert nicht. Er ist doch so ein Lieber."
Philip blickte zu dem kleinen Schimmel hinüber. Romeo stand brav neben Sarah und knabberte an den Grasbüscheln zu seinen Hufen.
„Na ja, eigentlich hatte ich mich darauf gefreut, mit dir mal wieder allein zu sein. Aber wenn du willst, meinetwegen."
„Fein!" Sarah nahm Philips Hand, und sie schlenderten plaudernd in Richtung Stadtwald.

Romeo ging artig am Führstrick hinter ihnen her. Doch kaum bogen sie auf einen Grasweg ein, der zum Stadtwald führte, blieb Romeo stehen, versuchte den Kopf zu senken und zu grasen. Sarah hatte alle Hände voll zu tun, um ihn daran zu hindern. Zu Anfang amüsierte sich Philip über die Sturheit des kleinen Schimmels, aber nach einer Weile, als er jeden Satz wiederholen mußte, weil Sarah durch Romeo abgelenkt wurde, hatte er die Nase voll.
„Soll das jetzt den ganzen Weg so weitergehen? Ich hatte mir das etwas anders vorgestellt. Warum hast du ihn auch mitgenommen?"
Doch als er Sarahs unglückliches Gesicht sah, bereute er seinen Ausbruch. Er legte den Arm um ihre Schulter und zog sie liebevoll an sich. Diesen Augenblick nutzte Romeo: Er machte einige Schritte zur Seite und zog Sarah den Führstrick aus der Hand. Als Sarah ihn schließlich wieder hatte, war die versöhnliche Stimmung vorbei. Philip grummelte etwas Unverständliches vor sich hin, und Sarah wagte nicht, zu ihm hinüberzusehen.
Im Wald gab es zum Glück nur Sandwege ohne verlockende Grasstreifen. Romeo ging wieder artig am Führstrick, und Philip versuchte erneut, Sarah an sich zu ziehen. Aber gerade als sie ihren Kopf an seine Schulter kuschelte, schob Romeo seine Pferdeschnauze zwischen ihre Köpfe und prustete Philip in den Nacken.
„Iih, der sabbert ja!" Philip sprang zur Seite. „Kannst du deinem blöden Gaul nicht

Love Story

beibringen, daß er das lassen soll?" Angewidert rieb er sich mit dem Ärmel trocken und brachte einen sicheren Abstand zwischen sich und das Pferd. Sarah reichte ihm versöhnlich die Hand, aber Philip hatte erst mal genug. Schweigend legten sie die verbleibende Strecke zu ihrem Lieblingsplätzchen zurück. Jeder ging an einer Seite des Weges und versuchte, mit seiner Enttäuschung fertig zu werden.

Die kleine, durch Hecken geschützte Lichtung war sonnenüberflutet und leer. Bei diesem Anblick hob sich Philips Stimmung etwas. „He, Sarah, bist du noch sauer? Ich hab das nicht so gemeint." Er berührte sie sanft im Nacken und zog sie auf das Gras. Sarah nahm den Führstrick in die Hand und kuschelte sich eng an ihren Freund. „Heute ist es doch viel zu schön, um aufeinander sauer zu sein." Philip küßte sie zärtlich auf die Nase.

„Mhm."

So war es doch eigentlich ganz gemütlich und romantisch ...

Philip warf einen raschen Blick auf Romeo. Der Schimmel graste zufrieden ...

„So eine Schweinerei! Lassen einfach ihr Pferd auf dem Wanderweg laufen! Angezeigt gehört sich das! Eine Unverschämtheit! Aber seelenruhig in der Öffentlichkeit rumknutschen. Wissen das eigentlich eure Eltern?"

Sarah und Philip fuhren alarmiert auseinander. Noch nie zuvor waren sie in ihrem Versteck aufgestöbert worden! Woher wußte der Mann ...? Dann fiel Philips Blick auf den Wanderweg: Romeo, natürlich! Das Pferd stand in Lebensgröße auf dem Weg und rupfte unbeirrt Gras. Dicht daneben stand ein zorniger alter Mann, der wild mit seinem Spazierstock drohte.

„Überall tritt man in Pferdeäpfel! Macht bloß, daß ihr hier verschwindet. Wozu hat man Leuten wie euch eigentlich den Reitweg genehmigt? Haut ab, bevor ich euch anzeige!"

„He, jetzt hören Sie mal ..." Aber bevor Philip ihm die Meinung sagen konnte, hatte Sarah schon den Führstrick ergriffen und Romeo vom Wanderweg gezogen. „Sei doch ruhig, Philip. Der bringt es fertig und beschwert sich tatsächlich. Dann machen sie vielleicht den Reitweg dicht. Komm, wir gehen."

„Und dann gingen wir eben auf den Reitweg." Normalerweise sprach Philip mit Annika nicht über seine Probleme, aber nach diesem mißlungenen Spaziergang mußte er mit jemandem reden. „Ein breiter Sandweg, ziemlich matschig, es hat doch gestern den ganzen Tag geregnet. Alle drei Minuten schossen Reiter vorbei und Sarahs Gaul wollte natürlich ständig hinterher. Wir konnten ihn zu zweit kaum halten. Diese Viecher bewegen sich in tiefem Sand einfach geschickter als wir. Mal ganz abgesehen davon, daß sie sich keine Schuhe ruinieren können. Guck dir meine nagelneuen Nike-Schuhe an! Die kann ich jetzt wegschmeißen! Ich habe einen Haufen Geld dafür gezahlt." Philip rieb mit einer Bürste an den Turnschuhen herum.

„Also war nichts mit Knutschen im Sonnenschein!" faßte Annika seine Geschichte zusammen. „Sieht aus, als hätte Romeo bei Sarah zur Zeit die besseren Karten!"

„Scheint so. – Ach, ich weiß nicht. Sie hat versprochen, morgen mit ins Kino zu kommen. Wenn sie das bloß nicht wieder absagt! Lange mache ich das nicht mehr mit. Wenn sie das Pferd mehr liebt als mich, dann ist eben Schluß!"

Annika riß die Augen auf. „Aber ihr seid schon so lange zusammen. Da kannst du doch nicht einfach Schluß machen. Jetzt beruhige dich erst mal. Das mit den Pferden gibt sich schon wieder."

Das Klingeln des Telefons unterbrach sie. „Philip? Kommst du mal? Es ist Sarah."

Als Philip den Hörer entgegennahm, war er noch immer sehr durcheinander und wütend.

„Hallo, Philip! Na, hast du dich schon von dem ganzen Matsch befreit? Also, meine Schuhe sind total im Eimer. Und Romeo hat die Hibbelei auf dem Reitweg auch nicht gutgetan. Stell dir vor, ein Eisen ist locker! Ich kann deshalb morgen nicht mit dir ins Kino. Ich muß noch mal zum Hufschmied. Du bist doch nicht sauer, Philip, oder? Ich meine, ich kann nichts dafür, und ich wäre wirklich gern – !"

„Ach ja? Du wärst wirklich gern? Du kannst nichts dafür? Wenn du Romeo nicht mitgenommen hättest, dann wäre das alles doch gar nicht passiert! Aber nein, der arme Romeo könnte sich ja in

seinem Stall fürchten. Nur wie ich mich fühle, das ist dir völlig egal. Romeo hier und Romeo da. Mir reicht das jetzt, Sarah. Knutsch doch mit deinem blöden Gaul! Ich habe jedenfalls genug von der ganzen Geschichte. Du bist doch total pferdegeil! Für mich ist es vorbei. Hast du gehört? Vorbei!"
Peng! Philip knallte den Hörer auf die Gabel. Verwundert starrte Annika ihn an. „Mein Gott, der hast du's aber gegeben."
Sie legte ihm tröstend die Hand auf den Arm.
Philip schüttelte sie ab, lief aus dem Zimmer und warf die Tür hinter sich zu. In seinem eigenen Zimmer drehte er die Stereoanlage auf größte Lautstärke, besser fühlte er sich deshalb jedoch nicht. Wieso hatte Sarah es so weit kommen lassen? Er war ihr also doch egal. Na gut, dann war sie ihm eben auch schnurz!

Die nächsten Tage gingen sich Philip und Sarah aus dem Weg. Manchmal, wenn er sie in der Pause sah, wäre er gern zu ihr gegangen. Aber irgend etwas hielt ihn davon ab. Ihm fiel auch wieder ein, was er zu ihr gesagt hatte. „Pferdegeil." Das würde sie ihm niemals verzeihen.

Eine Woche später wartete Kathrin am Fahrradständer auf ihn. „Hey, Philip! Ich wollte mit dir reden."
„Ja? Willst du wissen, ob ich einen Hufschmied brauche?" fragte Philip grimmig.
„Ach komm, Philip, nun vergiß doch diese blöde Bemerkung. Das war doch nicht so gemeint. Wenn du jeden Unsinn übelnimmst, kommen wir nicht weiter." Kathrin strich sich das Haar aus dem Gesicht und schaute ihn abwartend und ein bißchen entschuldigend an.
„Inwiefern sollten wir auch weiterkommen?" grummelte Philip.
„Na, in Sachen Sarah. Sie ist total verzweifelt, weil ihr euch getrennt habt, und du siehst auch nicht gerade überglücklich aus."
„Also, falls du uns wieder versöhnen willst, veranstaltest du am besten eine Grillparty." Philip gab sich weiterhin unversöhnlich. „Mit Romeo am Spieß!"
Kathrin kicherte. „Ich glaub nicht, daß das 'ne gute Idee ist. Und außerdem: Erzähl mir nicht, daß du der große Pferdehasser bist. Sarah reitet schon so lange wie ihr euch kennt. Das hat dich bisher nicht gestört. Ich denke, du und Sarah, ihr müßt euch einfach in der Mitte treffen. Du brauchst etwas mehr Verständnis für Pferde und sie ein wenig mehr Zeit für dich."
„Jetzt soll ich auch noch Verständnis für die Viecher aufbringen? Wie komm ich denn dazu?"
„Na, ich denke, du liebst Sarah? Ihr behauptet doch sonst immer, daß ihr eine super Beziehung habt. Jeder hat seine eigenen Interessen und niemand redet dem anderen drein. Ein Pferd ist aber nicht einfach nur ein Hobby. Man kann es nicht wie einen Computer ausschalten und gehen. Man muß füttern, putzen, ausmisten und tausend andere Sachen machen. Das ist zeitintensiv. Sarah hat sich schon immer für Pferde interessiert. Aber bisher war das einfacher. Von vier bis sechs im Reitstall, danach habt ihr was zusammen unternommen.
Doch jetzt muß sie sich um Romeo kümmern. Und nur weil seine Freundin nicht mehr so viel Zeit hat wie früher, spielt der werte Herr verrückt. Das ist doch kindisch."
„Was soll das? Was mischst du dich da ein? Das geht dich doch überhaupt nichts an!" sagte Philip ärgerlich.
„Natürlich geht mich das etwas an. Ihr seid schließlich meine besten Freunde!" Kathrin blitzte ihn wütend an. „Und nur weil ihr beide so stur seid ...!"
Philip wurde nachdenklich.
„Okay, was soll ich tun? Sarah ist doch derzeit überhaupt nicht ansprechbar. Und dann noch unser letztes Telefongespräch ..."
„Du solltest ihr zeigen, daß du dich für ihr Hobby interessierst. Hast du dich schon mal mit Pferden beschäftigt?"
„Beschäftigt ist gut", brummte Philip. „Für Sarah gab's doch überhaupt kein anderes Gesprächsthema. Ich bin Spezialist für alle nur denkbaren Pferdekrankheiten, kenne die einzelnen Futtermarken, Pferderassen, Gangarten, Zügel ... Ich bin ein wandelndes Pferdelexikon."
Kathrin lachte. „O je, ich verstehe. Philip, was hältst du davon, Pferde hautnah kennenzulernen? Hättest du nicht mal Lust zu reiten?" Kathrin wurde Feuer und Flamme für ihre Idee. „Das macht Spaß, du wirst sehen!"
Aber Philip blieb skeptisch.
„Na, ich weiß nicht. Ich konnte Rodeos noch nie was abgewinnen!"
„Du sollst ja auch nicht mit Rodeos anfangen, sondern ein-

Love Story

fach mal auf meinem Bonito durch die Gegend schaukeln. Der ist 20 Jahre alt und macht garantiert keine Sprünge!"
„Und du meinst, dann würden Sarah und ich ..."
„Wenn sie merkt, daß du sie und Romeo ernst nimmst, verzeiht sie dir bestimmt, was du ihr am Telefon vorgeworfen hast. Außerdem hat sie auch ein schlechtes Gewissen, weil sie dir dreimal hintereinander abgesagt hat. Und dann noch dieser mißglückte Spaziergang..."

Am Nachmittag trafen sich Kathrin und Philip auf einem Bauernhof etwas außerhalb der Stadt. Kathrin hatte hier ihre Pferde stehen: Bonito, ein älteres Reitpony, und eine junge Stute, Clarion. Beide grasten auf einer Weide neben den Stallgebäuden. Bonito, ein kleiner Rappe, wieherte, als er Kathrin sah.
„Ist ja irre!" entfuhr es Philip. „Der kennt dich ja richtig!"
„Na, klar. Was meinst du denn! Pferde sind doch nicht blöd! Man muß sich aber regelmäßig mit ihnen beschäftigen, damit sie Notiz von einem nehmen. Romeo wird auch bald wiehern, wenn er Sarah sieht." Kathrin holte zwei Halfter aus dem Stall und gab eines an Philip. „Hier, das kannst du Bonito überziehen. Die Nase muß hier durch!"
Philip ging etwas unsicher auf Bonito zu. Aber das alte Pferd blieb brav stehen und ließ sich das Kopfstück über die Nase ziehen. Zuerst wußte Philip nicht recht, wie er das Halfter schließen sollte, aber als Kathrin es vormachte, hatte er es schnell heraus. Die beiden führten die Pferde zu einem Anbindeplatz am Haus, und Kathrin griff nach dem Putzzeug. Philip sah zu, wie sie es machte, und war fast so schnell fertig wie sie. „Das ging ja fix. Weshalb braucht Sarah dafür nur immer fünf Stunden?" wunderte sich Philip und half Kathrin, die Sättel herauszutragen.
„Der arme Romeo steht schließlich allein und hat nicht einmal eine Weide. Der braucht ein bißchen Gesellschaft und Abwechslung. Sarah muß sich einfach längere Zeit mit Romeo beschäftigen. Bonito und Clarion haben es da besser. Die sind zusammen auf der Weide und haben Unterhaltung genug. Ich brauche also nur zum Füttern und zum Reiten zu kommen." Kathrin legte ihren Sattel vorsichtig auf Clarion. Die junge Stute hampelte ein wenig herum, und Kathrin beruhigte sie. Benito dagegen stand wie ein Fels, obwohl Philip sich beim Aufsatteln etwas ungeschickt anstellte.
„Du meinst, Romeo bräuchte ein Gesellschaftspferd, damit Sarah wieder mehr Zeit für mich hat?" fragte Philip, während Kathrin Benito für ihn aufzäumte.
„Auf jeden Fall braucht er Unterhaltung. Und da wäre Gesellschaft erst mal das wichtigste. Es muß ja kein Pferd sein – eine Ziege oder so würde es auch tun. Und eine Weide wäre ebenfalls gut. So, jetzt steigen wir auf. Stell das linke Bein in den Steigbügel und schwing dich in den Sattel." Kathrin machte es vor und war mit einem Schwung oben. Auch bei Philip klappte es sofort. Er atmete auf, als Bonito nicht gleich loslief, sondern ruhig stehenblieb und abwartete.
Auf Kathrins Anweisung nahm er die Zügel auf, legte die Schenkel leicht an, und der kleine Rappe ging Schritt.
„Na, ist doch ein tolles Gefühl, oder?" erkundigte sich Kathrin. Philip nickte, aber seine Gedanken waren immer noch bei Romeos Problemen. „Wie ist es mit einem Schaf als Gesellschaft? Ginge das auch?" fragte er, als sie die Auffahrt entlang Richtung Wald ritten.
„Klar. Ein Schaf, eine Kuh, ein Lama, ein Kamel ... alles, was Gras frißt!" Kathrin lachte und bog auf einen Waldweg ab. Clarion wollte sofort antraben, aber Kathrin beruhigte sie. Philips erster Ausritt sollte ruhig verlaufen. Bonito hatte es sowieso nicht eilig. Philip fühlte sich sehr sicher auf dem kleinen Rappen. In der nächsten halben Stunde unterhielten sich die beiden sehr intensiv über Pferde und Schafe, Weiden und Zäune. Sie waren so ins Gespräch vertieft, daß sie die Reiterin hinter sich gar nicht bemerkten. Erst als sie aufschloß, sah Philip sich um und brach abrupt ab.
„So ist das also!" sagte Sarah nach einer langen Pause. „Ich bin blöd und pferdegeil und was nicht alles, aber für Kathrin steigen wir sogar in den Sattel! Vielleicht war ich dem Herrn ja nicht gut genug, weil ich ihm kein eigenes Reitpferd bieten konnte. Nur mit Romeo spazierenzugehen ist eben nicht so witzig." Sie schluckte und versuchte, die

Tränen zu unterdrücken. „Ich hoffe, ihr habt es schön romatisch!"
„Aber, Sarah, das ist doch ganz anders, wir ..."
„Sarah, Philip wollte doch nur..."
Aber Sarah hörte die beiden gar nicht mehr. Bevor Kathrin und Philip ihre Erklärungen beenden konnten, trieb sie Romeo an und galoppierte davon. Kathrin konnte Clarion kaum davon abhalten, hinterher zu rennen. Selbst Bonito machte ein paar Trabschritte.
„Superblöd gelaufen!" meinte Kathrin, als sie die Pferde wieder unter Kontrolle hatte. „Ich schätze, das wird ein hartes Stück Arbeit werden."
„Ich hab da schon eine Idee", grinste Philip. „Hilfst du mir dabei?"

Zwei Tage nach der Begegnung im Wald kam Sarah in den Stall, aber kein Romeo streckte ihr wie sonst den Kopf entgegen. Statt dessen hing ein Schild über seinem Namensschild, riesengroß und rot beschriftet.

Keine Angst, ich bin nicht gestohlen! Ich mache mir nur einen freien Nachmittag mit einer Freundin. Du findest mich in der Reuterstraße, zwischen Haus Nummer 7 und 8.
Dein Romeo

Sarah erschrak. Reuterstraße? Da wohnte doch Philip! Was hatte er mit Romeo gemacht? Also, wenn der sich einen blöden Scherz erlaubt hatte ...!
Außer Atem erreichte sie kurz darauf die Reuterstraße. Und tatsächlich: Auf dem Wiesenstück, das sonst immer die Schafe von Philips Onkel abgefressen hatten, stand Romeo. Der Schafdraht um die Weide war durch einen Elektrozaun mit grellroter Litze ersetzt worden, und neben Romeo graste ein wuscheliges kleines Schaf mit schwarzem Kopf.
Dann erst sah sie Philip. Er saß nicht weit von der kleinen Gruppe im Gras und winkte mit zwei Kinokarten. „Na, wie sieht's aus? Hast du heute Zeit für schleimige Aliens mit Fangarmen und schlechtem Charakter?"
„Philip ... Romeo ... aber ich dachte ...". Sarah war den Tränen nahe. „Ach, Philip! ... Ich dachte doch ..."
„Du dachtest, ich ginge jetzt mit Kathrin, aber das stimmt nicht. Sie hat mir nur geholfen, das alles hier für Romeo und dich zu arrangieren. Die Elektrolitze und die Stäbe hat sie mir geliehen, und gestern haben wir den ganzen Tag den Zaun aufgebaut und diesem Schaf das Führen beigebracht. Du mußt es ja irgendwie mit nach Hause nehmen können. Wie gefällt es dir? Es ist weiblich, und wir haben es ‚Julia' getauft."
Sarah sagte kein Wort und starrte nur abwechselnd auf Romeo und Julia und wieder auf Philip. Philip stand unsicher auf.
„Julia ist ganz zahm und läßt sich streicheln. Sie gehört dir – oder besser: Romeo. Was sagst du dazu?"
„Ich finde ... also, ich hätte ja nie gedacht ... Philip ..."
Da kam Philip auf sie zu und nahm sie in die Arme. „Nun muß Romeo nicht mehr allein sein und ich auch nicht mehr", flüsterte er ihr ins Ohr.

Horsy

Romantic Dreams

Reiten wie im Film

Jobs mit Pferden

Fun im Verein

Traumferien

Days

Traumferien

Romantik- und Abenteuerferien auf dem Pferderükken – das muß kein Traum bleiben. Viele Reiseveranstalter bieten **Reiterferien** pauschal an. Die Palette reicht vom Urlaub auf der **andalusischen Finca,** dem Wanderritt durch **Island** oder die **Camargue** bis hin zu Trailritten und Ranchurlaub in den **USA, Canada** oder **Australien.**

Viva España!!

Reiten und mehr ...

Spezielle Reiterreisen für Jugendliche sind häufig mit **Sprachreisen** verbunden. Sie führen meist nach England, Frankreich oder Amerika und bringen neben der Reiterei und dem Plus für den Sprachunterricht jede Menge Spaß. Und eure Eltern werden eher bereit sein, eine Reiterreise zu bewilligen, wenn dafür **Supernoten** in Englisch oder Französisch winken. Billig ist der Urlaub auf dem Pferderücken leider nicht. Aber dafür erwarten euch kleine Betriebe mit persönlicher Betreuung.

Argumente für die Eltern

- **Eine fremde Sprache lernt man am besten und schnellsten im jeweiligen Land.**
- **Allein im Ausland – das fördert die Selbständigkeit.**
- **Reiten in fremden Ländern erhöht die Allgemeinbildung. Nicht zu vergessen der Nutzen für Erdkunde und Geschichte.**
- **Absolute Erholung – die braucht jeder.**

Möchtest du Reitstunden nehmen, willst du neue Pferderassen und Reitweisen kennenlernen? Liegt dir was an Freizeitangeboten neben der Reiterei? Willst du gemeinsam mit Gleichaltrigen Urlaub machen? Erst nach Beantwortung dieser Grundfragen kannst du gezielt planen.

Wie groß ist der Ferienbetrieb? Bleibt es privat oder riecht es nach Massenbetrieb? Wendet sich das Angebot an Anfänger oder an Fortgeschrittene? Reiten macht nur Spaß, wenn das Pferd mit deiner Ausbildung Schritt hält. Die richtige Gruppe ist wichtig! Zwei Wochen Schrittausritte mit Anfängern öden Fortgeschrittene an.

Findest du in diesem Betrieb tatsächlich deine Traumpferderasse, und wird die Reitweise unterrichtet, die dich interessiert? Nicht jeder Reitstall in Spanien arbeitet mit Andalusiern, und nicht auf jedem Islandpferdehof findest du töltende Pferde. Selbst wenn sich ein Hof auf Quarter Horses spezialisiert hat, heißt das nicht, daß die Pferde perfekt western geritten sind.

Traumziel Canada.

Badespaß! Schwimmen mit Pferden

Das solltest du vorher klären

Wie gestaltet sich der Urlaub? Bietet er das, was du möchtest? Reiterreisen können mit ganz unterschiedlichen Schwerpunkten geplant sein. So sind zum Beispiel Wanderritte meist darauf ausgerichtet, das Urlaubsland kennenzulernen. Sie umfassen in der Regel mehrstündige Ritte durch schwieriges Gelände, Hauptgangart: nur Schritt. Mitunter kommst du tagelang nicht in bewohnte Gegenden.

Und ganz wichtig: Laß dir zusichern, daß die Pferde auf dem Ferienhof gut versorgt und genährt sind. Nichts ist schlimmer, als am Zielort vor der Frage zu stehen, ob du wirklich eine Woche Wanderritt auf einem mageren Pferd mit wundem Maul und Satteldruck angehen willst, oder ob du nicht besser die Reisekosten verfallen läßt.

Total tote Hose im Reitverein?

Fun im Verein

Geschafft!
Erleichterung nach der
Reitabzeichenprüfung

Ab und an ein Stammtisch im verquarzten Reiterstübchen – das absolute Highlight im Vereinsleben? Und als Schulpferdereiter sowieso nur als zahlender Gast gefragt? Irgendwann wird da sogar die Reitstunde langweilig! Aber es geht auch anders: Ausflüge, Turniere und Turnierbesuche, Feten und Reiterspiele – das bringt Schwung ins Vereinsleben! Hier ein paar Anregungen, wie ihr euren Verein auf Trab bringen könnt!

Quadrillereiten macht Spaß!

Rund ums Reiten

Selbst wenn du nicht mit einem eigenen Pferd aufwarten kannst: Dein Reitverein sollte auch für Schulpferdereiterinnen ein paar Attraktionen bereithalten ...

- Die regelmäßige Durchführung von Prüfungen für Reitabzeichen und Kleines Hufeisen gehört schon dazu.
- Mit dem Schulpferd aufs Turnier: Zumindest am Hausturnier des Reitvereins sollte jede Reiterin teilnehmen können, die Lust dazu hat und gut genug reitet. Wenn es mehr Reiterinnen als Pferde gibt, dann müßt ihr das Los entscheiden lassen.
- Mitgestaltung von Reiterfesten: Eine Quadrille kann auch mit Schulpferden eingeübt werden.
- Orientierungsritte und Reiterspiele bringen Spaß – sie müssen nur organisiert werden.
- Auch sollte der Kontakt zwischen Reitschülerinnen und Privatreitern stimmen. Sicher gibt es Pferdebesitzer, die ab und an Hilfe beim Bewegen ihrer Pferde brauchen. Eine entsprechende Rubrik „Pferd sucht Reiter – Reiter sucht Pferd" am Schwarzen Brett kann da schon weiterhelfen.

Ausflugsideen rund ums Pferd

Gemeinsame Fahrten zu Turnieren oder Pferdemessen – in den meisten Reitvereinen eine Rarität. Dabei ist es so einfach, einen Bus zu chartern, um bei Turnieren oder Reiterfesten live dabeizusein! Am besten sucht ihr euch konkrete Veranstaltungen aus und sprecht euren Jugendwart gezielt drauf an!

Was immer eine Reise wert ist:

- Die großen Reit- oder Voltigierturniere
- Alternative Reiterfeste wie etwa das Freizeitreiterfestival in Reken
- Pferdemessen wie z. B. die Equitana in Essen

- Oder vielleicht sogar einen Trip ins Ausland? Nach Wien, zur Spanischen Hofreitschule, oder gar nach Jerez de la Frontera ...

Eins ist klar, hier ist Eigeninitiative gefragt. Wenn in eurem Stall nichts los ist, solltet ihr die Sache unbedingt in die Hand nehmen. Tut euch zusammen und geht zum Reitlehrer und Vereinsvorstand. Am besten gleich eine Liste mit Wünschen und Verbesserungsvorschlägen in der Hand – und guten Argumenten im Kopf. Es kann nur besser werden!

Spiel und Spaß

Ein bißchen Fun im Vereinsleben muß sein! Bringt euren Jugendwart auf Trab, wenn er nicht von selbst draufkommt:

- Wie wär's z.B. mit etwas Lagerfeuerromantik? Ein Grillfest ist schnell organisiert!
- Kostümreiten – der Megagag zur Karnevalszeit! Im witzigen Outfit aufs Pferd – und wenn der Reitlehrer mitmacht: Musikreiten statt Abteilungstrott!
- Tagesausflüge und Picknicks im Sommer. Wenn einige reiten und die anderen radeln, kommen viele mal zum Zuge bzw. aufs Pferd.
- Etwas beschaulicher wird's dann an langen Winterabenden: Bastelstunden, nicht nur für die Kleinen – schließlich kann auch selbstgemachter Schmuck echt horsy sein!
- Übrigens: Scheunen und Reithallen eignen sich optimal für Feten!

Wo geht's lang? Orientierungsritte als Alternative zum Turniersport

Und was machen wir nächste Woche? Bringt euer Vereinsleben in Schwung!

Keine schlechte Idee: Ferien auf dem Reiterhof, dabei ein bißchen misten, Ausritte begleiten und vielleicht sogar Reitstunden für die Jüngeren geben. Und obendrein auch noch Geld verdienen! Hört sich gut an – die Realität sieht jedoch häufig nicht so rosig aus: Ferienjobs auf dem Ponyhof können zwar Spaß machen, aber vor allem bedeuten sie jede Menge Arbeit ...

Eine Rittbegleitung und Reitunterricht – das sind die absoluten Sahnestückchen der Alltagsarbeit. Natürlich übernehmen die Besitzer des Hofes das am liebsten selbst – schon aus versicherungstechnischen Gründen. Schließlich hätten sie dann schlechte Karten, wenn etwas in ihrer Abwesenheit passiert!

Pferde, Reiten, Geld

Viel Mist, wenig Freizeit

Zwanzig, dreißig Boxen ausmisten, Weiden absammeln, den Hof kehren ... und abends halbtot ins Bett fallen. So ein Ferienjob ist nicht gerade das reine Zuckerschlecken! Hinzu kommt, daß man nur selten die Zusicherung erhält, ausschließlich im Stallbereich eingesetzt zu werden. Und das bedeutet Hausdienst, also Arbeit als Hausmädchen, Kellnerin, Babysitterin ...

Angebot und Nachfrage

Diese Ferienjobs sind heiß begehrt. Meist können die Besitzer der Ställe unter zahllosen Bewerberinnen wählen. Warum also die Stallmädchen mit Samthandschuhen anfassen? Nicht jeder Chef ist die Höflichkeit in Person!

Aus der Praxis für die Praxis

Und trotzdem: Falls du daran denkst, vielleicht mal eine Lehre als Pferdewirtin zu machen – der Ferienjob auf dem Reiterhof vermittelt einen prima Einblick in den Alltag deines Traumberufs. Mitunter kannst du davon sogar reiterlich profitieren. In vielen Ställen gibt's für die Arbeit kein Geld, sondern gratis Reitunterricht. Wenn du einen guten Lehrer erwischst, kann das unbezahlbar sein!

Manchmal fühlt man sich wie im Kindergarten.

So macht der Job Spaß!

Wie finde ich meinen Traumjob?

verdienen

Ferienjobs, bei denen man Geld verdienen kann, ohne ausgebeutet zu werden, sind rar gesät. Wer so etwas einmal gefunden hat, kommt in der Regel immer wieder – die guten Stellen sind also meist über Jahre hinweg blockiert. Hier trotzdem ein paar Tips für die Jobsuche, aber Achtung: Alle Angaben sind ohne Gewähr! Wie eine Stelle wirklich ist, kannst du meist erst beurteilen, wenn du mindestens eine Woche dort gearbeitet hast!

Inseriere in Fachzeitschriften. Beschränk dich dabei nicht auf Angaben wie: „Suche Ferienjob!", sondern nenn deine genauen Vorstellungen und Vorkenntnisse: „15jährige, 4 Jahre Reiterfahrung, sucht Ferienjob auf Islandpferdehof". Oder: „Suche Ferienjob auf Ponyhof, Erfahrung in Kinderbetreuung".

Wenn du selbst schon einmal Urlaub auf einem Ferienhof gemacht hast und du dort gerne warst, dann ruf doch die Besitzer an und frag direkt nach einem Job.

Pferdemessen sind eine gute „Jobbörse". Frag an Ständen, die dich interessieren, nach möglichen Ferienjobs. Mit etwas Glück kommst du gleich in Kontakt mit den entscheidenden Leuten.

Keine Angst vor großen Tieren! Auch bekannte Reiter/innen und Reitlehrer/innen sind nur Menschen, und die meisten sind sehr nett. Erstarr also nicht in Ehrfurcht vor großen Namen, sondern frag einfach nach einer Praktikantenstelle. Du hast schließlich nichts zu verlieren! Etwas

Traumjob gefunden!

Geschick und Taktik gehören natürlich schon dazu: Warte ab, bis der- oder diejenige eine ruhige Minute hat. Drei Minuten vor Turnierstart oder beim Sekttrinken mit Freunden solltest du sie oder ihn nicht gerade zutexten!

Schau dir den Stall vorher an! Vor Überraschungen ist man allerdings nie gefeit. Der mega-nette Westernreiter kann sich als Pedant entpuppen, dessen Sporen du demnächst dreimal täglich nach Westen ausrichtest. Die bei ihren Gästen superbeliebte Ponyhofbesitzerin behandelt ihre Stallmädchen womöglich wie Galeerensklaven. Und die Reitkünste des Springstars beschränken sich vielleicht auf das Prügeln und Barren seiner Meisterschaftspferde. All das kommt natürlich erst raus, wenn es mit dem Job ernst wird. Aber ob der Ponyhof mit verwahrlosten Pferden arbeitet, ob der Betrieb viel zu groß ist, die Ställe verdreckt und die Ferienkinder unzufrieden sind, das kannst du schon bei einer ersten Besichtigung abchecken! Ein Besuch kann hier Klarheit schaffen.

WARNING!

Das solltest du vorher klären!

Worin bestehen deine Aufgaben? Stalldienst, Kinderbetreuung, Hausarbeit? Bitte den Arbeitgeber vorher um genaue Infos, wie viele Stunden du täglich mit Pferden zu tun hast. Wie sieht es mit Freizeit und Reitmöglichkeiten aus? Manche Ställe ermöglichen den Stallmädchen nach der Arbeit Ausritte. Möchtest du in erster Linie Geld verdienen oder reiterlich profitieren? Wenn letzteres der Fall ist, dann bewirb dich doch in einem Stall mit richtig gutem Reitlehrer für ein Praktikum.

Zorro reitet immer noch Zorro reitet immer noch Zorro reitet immer noch Zorro reitet immer noch Zorro reitet immer noch Zorro reitet immer noch Zorro reitet immer noch Zorro reitet immer noch

Was wäre ein guter Kostümfilm ohne elegante Kutschen, ohne einen Helden auf weißem oder schwarzem Hengst und einem rasanten Galopp im Nebel? Filme mit Pferde kommen gut an, auch Schaureiten wird immer beliebter. Die Palette reicht von akrobatisch bis verträumt.

Stuntgirls

Kunstturnen auf dem Pferd, das verlangt Mut, Balance und sehr viel Übung.

Fortgeschrittene Voltigierer zeigen regelrecht zirkusreife Leistungen, und auch Anfängergruppen können eine klasse Show auf die Beine stellen. Aber Achtung: So tief ausgebunden wie hier sollte das Voltigierpferd nicht arbeiten. Sonst kommt Partner Pferd mit Frust und Rückenschmerzen aus der Show.

Reiten ohne Zaum und Zügel

Die Springreiter aus der Chiron-Schule zeigen immer wieder gern, wie frei und willig Pferde springen, wenn sie mit Geduld und Liebe ausgebildet werden. Das Reiten am Drahtring ist eine beliebte Nummer auf Freizeitschauen. Sie beweist eine besonders enge Beziehung zum Pferd. Aber: Auch richtige Profis nehmen die Zäumung nur in der geschlossenen Reitbahn ab!

Zauberwelt

Der Pegasus entführt dich in eine Zauberwelt der Pferde. Ein solches Pferd und dieser Traum von einem Kostüm ... da fällt das Abheben nicht schwer! Große Shows wie hier auf der Welt-Pferde-Equitana bieten Besuchern Reitkunst und Pferdeträume vom Feinsten. Raffinierte Lightshows und Musik ergänzen perfekt. Showreiten in Reinform.

Das sitzt!

Kunststücke mit Pferden sind in. Wenn du ein eigenes Pferd hast, kannst du sogar Kurse und Seminare zum Thema besuchen. Gearbeitet wird ohne Zwang und mit vielen Leckerlis. Kluge Pferde lernen die Kunststücke schnell, weniger kluge brauchen vielleicht länger.

Einmal reiten wie im Film

Läuft euch nicht auch ein süßer Schauer über den Rücken, wenn Sissi mit fliegendem Reitrock über die Leinwand galoppiert?
Reiten im Damensattel ist klasse – auch wenn es nicht gerade rückenfreundlich ist. Hast du es schon mal ausprobiert? Der Damensitz schult den Gleichgewichtssinn und fördert eine korrekte Hilfengebung. Und außerdem macht es unglaublich Spaß!

Keine Verdrehungen, bitte!

Eigentlich gehört zum Damensitzreiten ein **Seitsattel.** Er ist besonders sicher auf dem Pferd zu verschnallen und bietet dem linken Bein, das über den Widerrist gelegt wird, Halt. Damensättel sind leider irre teuer. Erste Versuche gelingen auch mit einem normalen Sattel. Dann vergiß aber den Sicherheitssteigbügel nicht und üb zuerst nur im Schritt.
Beim Reiten im Damensitz ersetzt die Gerte den rechten Schenkel. Ansonsten werden Gewichtshilfen genau wie im Herrensitz gegeben. Das A und O ist aber die aufrecht gehaltene Wirbelsäule. Verdreh dich nicht nach rechts, sonst versteht dein Pferd die Hilfen nicht. Daß du für deine ersten Versuche ein braves, möglichst gutausgebildetes Pferd nimmst, ist ja wohl klar.

Charmant, Madame

Wie wär's mit einer Damensitz-Einlage für euer nächstes Turnier? Dann brauchst du dazu nur noch einen **Reitrock** wie Sissi. Fertige Kostüme sind unbezahlbar, also besser versuchen, ihn selbst zu nähen. Es soll noch Mütter geben, die mit Nähmaschinen umgehen können.
Nun fehlt nur noch die passende Kopfbedeckung. Klassisch ist natürlich eine richtige **"Reitmelone"** oder ein Zylinder. Wenn das nicht aufzutreiben ist, muß es eben die Reitkappe tun. Mit einem Tüllschleier verhüllt, müßte es gehen.

Ein Tip:

Behalte drunter die Reithose an, sonst riskierst du mit den Stiefeln Wundreiten und Scheuerstellen.

Zorro reitet immer noch Zorro reitet immer noch Zorro reitet

Johnny Spaghetti

Manche Pferde zeigen ganz eigene Begabungen und jedes hat sein Lieblingskunststück. Manchmal mußt du etwas herumexperimentieren, bis du herausfindest, was deinem Pferd am meisten liegt. Wichtig ist Geduld und Spaß – nicht nur bei der Vorführung, sondern bereits beim Üben. Und falls es mit Spaghetti nicht gleich klappt, probier's mit Möhren. Vielleicht ist dein Pferd Feinschmecker?

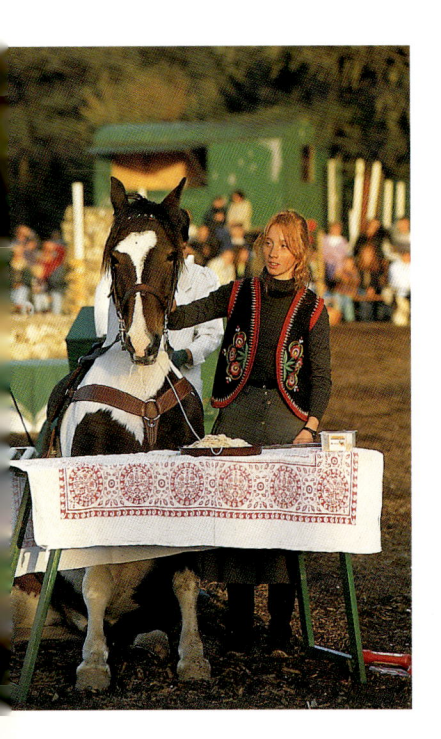

Ungarische Post

Eine Schaunummer für geborene Stuntgirls! Die Schwebe über den beiden galoppierenden Pferden ist vielleicht nicht ganz deine Sache. Oder doch? Die Zirkusschule für Schaupferde in Nümbrecht, aber auch Stuntgruppen in verschiedenen Städten, bilden für diese Tricks aus. Du lernst, spektakulär vom Pferd zu fallen, durch Feuer und Reifen zu springen und viele andere Dinge, bei denen deinen Eltern kalte Schauer über den Rücken laufen werden.

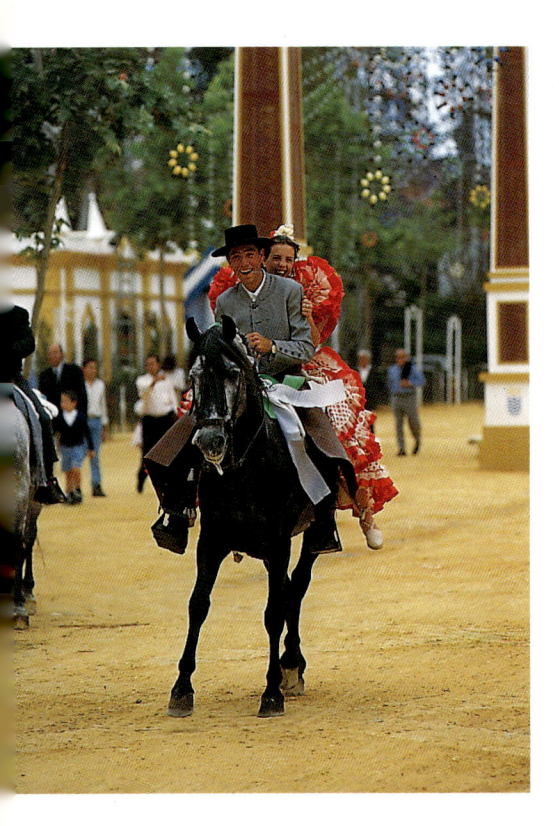

Fiesta española

In Spanien gehören Caballeros und ihre Damen zu jedem Volksfest. Die Señoritas in ihren prächtigen Kleidern sitzen auf kleinen Sitzkissen, die hinten am spanischen Sattel befestigt werden. Eine zünftige spanische Fiesta ist immer ein Pferdefest. Die Reiter kommen mit ihren geschmückten und perfekt ausgebildeten Pferden und piaffieren und passagieren beim Umzug durch die Straßen.

Auch zu vielen religiösen Festen und Wallfahrten gehören Pferde einfach dazu.

immer noch Zorro reitet immer noch Zorro reitet immer noch

Ideen muß man haben

Farbenprächtige Kostüme gehören zu jeder Show. Ganz so professionell wie bei den Cowgirls müssen sie aber nicht gestaltet sein. Viele der Kostüme für Vereinsfeste und kleinere Shows sind meist selbst gemacht. Eine pfiffige Idee ersetzt die ganze Näharbeit: ein Bettuch für den Scheich, ein Bikinioberteil mit Tüllschleier für die Haremsdame. Und statt des edlen Jagdfalken trägt der Wüstensohn einen alten Stoffpapagei.

Quadrille

Beim klassischen Quadrillereiten kommt es auf Perfektion und konzentriertes Zusammenspiel an. Diese „Gruppentänze zu Pferd" gehen auf die Pferdekarussells der Barockzeit zurück, als Reiten ein Hauptvergnügen des Adels war. Damals hatte jedes Schloß, das etwas auf sich hielt, seine Reithalle, und die Damen und Herren trafen sich zum Schaureiten in aufwendigen Kostümen.
Heute bekommt man nur in wenigen Reitvereinen wirklich große Quadrillen mit zwölf und mehr gut gerittenen Pferden zusammen. Aber auch schon zu viert und zu sechst macht Formationsreiten Spaß.

Tanz mit dem Rind

Cutting ist eigentlich keine Show, sondern eine sehr ernsthafte Turnierdisziplin für Westernreiter.
In Amerika werden bei Cutting-Wettbewerben astronomische Preisgelder ausgesetzt. Es geht darum, ein Rind aus eine Herde auszusondern, wobei das Pferd möglichst selbständig arbeiten soll.
Erfahrene Cutting-Pferde brauchen auch wirklich kaum noch Hilfen. Und sie sind mit Feuereifer dabei. Guten Quarter- und Painthorses liegt Cutting im Blut. Ihr Tanz mit dem Rind ist absolut sehenswert.

Was steht in den Sternen?
Horoskop für Reiterin und Pferd

Widder – 21. März bis 20. April

Die Widder-Reiterin

Du bist eine aktive, sichere Reiterin, neigst aber manchmal zur Inkonsequenz. Heute überschüttest du dein Lieblingspferd mit Leckerbissen, morgen forderst du sehr ernsthafte Arbeit und setzt das auch durch. Du bist sehr um das Wohlbefinden deines Pferdes bemüht und willst ihm möglichst viel Freiheit geben – insofern betrachtet es dich als Freundin, auch wenn du manchmal die Geduld verlierst. Unkonventionellen Reitweisen und Ausbildungsmethoden stehst du positiv gegenüber. Wenn du dich einmal dazu entschlossen hast, etwas anders zu machen, als alle anderen im Reitverein, so stehst du auch dazu und setzt dich gegen alle Widerstände durch. Gleichzeitig bringst du dich im Reitverein sehr engagiert ein – ohne dich wäre das Vereinsleben um einiges eintöniger!

Das Widder-Pferd

Es ist klug und leistungswillig, neigt aber auch zu Überempfindlichkeit und Nervosität. Du solltest es ruhig reiten und mit viel Fingerspitzengefühl behandeln. Dann wird es für dich durch dick und dünn gehen!

Stier – 21. April bis 20. Mai

Die Stier-Reiterin

Dein Lieblingspferd ist der Mittelpunkt deines Lebens, du bringst ihm viel Verständnis und Zuwendung entgegen. Wenn du die Zeit hast, bemühst du dich, ihm Stall und Auslauf sauber und behaglich zu gestalten. Gleichzeitig sorgst du für möglichst viel Abwechslung und Weidegang. Was die Reiterei angeht, bist du eher konservativ. Du suchst nicht ständig nach neuen Methoden und Reitweisen, sondern versuchst, so weiter zu kommen, wie du es in der Reitschule lernst. Deine reiterlichen Ziele strebst du mit Fleiß und Beharrlichkeit an. Trotzdem bleibt immer noch Zeit für ausgiebige Spaziergänge mit deinen Reiterfreundinnen.

Das Stier-Pferd

Es ist freundlich und umgänglich, im Innern aber oft unsicher. Das kann sich in Ängstlichkeit, aber auch in Sturheit äußern. Du mußt diesem Pferd Mut machen, indem du ihm interessante Aufgaben stellst und ihm zeigst, wie sehr du es magst. Stier-Pferde lieben Streicheleinheiten!

Zwillinge – 21. Mai bis 20. Juni

Die Zwillinge-Reiterin

Du bist eine sehr temperamentvolle Reiterin, der die Ausbildung und Entwicklung des Pferdes gar nicht schnell genug gehen kann. Dabei möchtest du am liebsten zwei oder drei Reitweisen gleichzeitig lernen und morgen im Springen, übermorgen auf Distanzritten starten. Du reitest energisch, bist aber manchmal etwas nachlässig. Disziplinen, die große Akribie und viel Übung erfordern – wie etwa Dressurreiten – liegen dir nicht so sehr. Einfallsreich und fröhlich wie du bist, machst du im Reitstall so einiges los. Auf Dauer wirst du neben der Reiterei sicherlich noch viele andere Interessen und Hobbys haben. Überleg also gut, ob deine Zeit ausreicht, bevor du die Verantwortung für ein eigenes Pferd oder ein Pflegepferd übernimmst.

Das Zwillinge-Pferd

Es ist temperamentvoll und impulsiv – und sprüht vor Energie! Wenn es seine überschüssige Power nicht in reichlich Bewegung abreagieren kann, neigt es allerdings zu Übernervosität. Zwillinge-Pferde brauchen daher viel Auslauf, viel Beschäftigung und interessante Aufgaben, die ihre Intelligenz und ihren Lernwillen fordern.

Krebs – 21. Juni bis 20. Juli

Die Krebs-Reiterin
Wenn du dein Lieblingspferd beschreibst, so verwendest du einen überschwenglichen Ausdruck nach dem anderen. Bei dir ist alles „irre" und „megasüß". Überhaupt ist deine gesamte Einstellung zum Reiten und zu Pferden extrem gefühlsbetont. Gleichzeitig magst du es gar nicht, dein Lieblingspferd mit anderen teilen zu müssen. Am liebsten möchtest du es ständig knuddeln und mit Leckerbissen überschütten. Beim Reiten erwartest du dann aber auch Gehorsam und Perfektion. Im Reitstall hast du einige sehr gute Freundinnen gefunden, mit denen du viele Interessen teilst und dich gut unterhalten kannst.

Das Krebs-Pferd
Es ist empfindsam und eher zurückhaltend. Manchmal wirkt es sogar fast ein bißchen ängstlich. Es braucht daher besonders viel Zuwendung und Liebe. Dafür wird es sich dir schnell anschließen, wenn du dich mit ihm beschäftigst. Bei seiner Erziehung brauchst du Freundlichkeit und besonders viel Geduld, denn auf Strafen reagiert es mit Verunsicherung und Angst.

Löwe – 21. Juli bis 21. August

Die Löwe-Reiterin
Du bist eine engagierte Reiterin und nimmst mit Begeisterung an Wettbewerben teil. Da du gerne Erfolg hast, forderst du dein Lieblingspferd immer wieder bis an seine Grenzen – allerdings nur selten darüber hinaus. Du liebst es nämlich viel zu sehr, um es zu überanstrengen. Gleichzeitig versuchst du immer, Verständnis für seine Wünsche und Bedürfnisse zu haben. Aber es fällt dir nicht leicht, unkonventionelle Wege einzuschlagen. Da dir die Anerkennung von seiten anderer sehr wichtig ist, bleibst du lieber beim Althergebrachten. Vielleicht würden deinem Pferd neue Reitweisen und Haltungsformen trotzdem guttun. Durch deinen Witz und Charme hast du im Reitstall sofort viele Freunde gefunden.

Das Löwe-Pferd
Es ist meist stark und dominant. In der Pferdegruppe nimmt es einen hohen Rang ein und versucht, sich auch dem Reiter gegenüber durchzusetzen. Beim Löwe-Pferd mußt du darauf achten, seine Energien in die richtigen Bahnen zu lenken. Wenn es sie für – und nicht gegen – dich einsetzt, seid ihr unschlagbar!

Jungfrau – 22. August bis 22. September

Die Jungfrau-Reiterin
Du bist eine sehr überlegte, geschickte Reiterin, die ihr Lieblingspferd mit Konsequenz und Verständnis erzieht. Dabei setzt du gern und gezielt Belohnungen ein, neigst weder zur Verhätschelung noch zu übermäßiger Strenge. Dein Pferd weiß bei dir immer, woran es ist, und fühlt sich bei dir im großen und ganzen wohl und sicher. Schmusen und Knuddeln ist allerdings weniger dein Ding. Damit es ausreichend emotionale Kontakte knüpfen kann, wäre es daher für dein Pferd angebracht, mit anderen Pferden in Auslaufhaltung zu stehen. Die anderen Mädels im Reitstall kommen gerne mit ihren Problemen und Sorgen zu dir, da du gut zuhören und auch mal ein Geheimnis für dich behalten kannst.

Das Jungfrau-Pferd
Es ist sehr sensibel und ausgesprochen leicht zu verunsichern. Stallwechsel oder Wechsel der Bezugsperson können es völlig durcheinanderbringen. Zudem neigt es zum Ungehorsam, sobald es eine Aufgabe nicht sofort versteht. Wenn du aber freundlich und verständnisvoll mit ihm umgehst, wird es schnell lernen und sich zu einem zuverlässigen Partner entwickeln.

Waage – 23. September bis 22. Oktober

Die Waage-Reiterin
Du schaffst es, dein Lieblingspferd mit so viel Geschick zu lenken, daß eure Zusammenarbeit fast spielerisch wirkt. Bei der Ausbildung von Pferden zeigst du Fairneß und Geduld. Gern stellst du dich auch schwierigen reiterlichen Aufgaben – vermutlich ist klassische Dressur, vielleicht aber auch Schaureiten, dein Steckenpferd. Letzteres käme deinen künstlerischen Neigungen und deinem Spaß an Verkleidungen entgegen. Wenn du siehst, wie jemand sein Pferd mißhandelt, oder allgemeine Mißstände im Reitstall entdeckst, kannst du dich sehr aufregen. Allerdings setzt du dich leider nur selten für die Veränderung dieser Dinge ein, da du letztendlich zu harmoniesüchtig bist, um dich mit jemandem anzulegen. Gleichzeitig stößt dein Gerechtigkeitssinn auf große Anerkennung; dein Rat ist immer gefragt.

Das Waage-Pferd
Es neigt dazu, sich scheu zurückzuziehen. Dabei ist es eigentlich sehr anhänglich und benötigt viel Zuwendung. Indem du ihm deine Zuneigung zeigst, kannst du das Waage-Pferd aus seiner Reserve locken und ihm helfen, seinen Charme zu entwickeln. Dann wird es sich bald zu einem ausdrucksvollen und aufmerksamen Reitpferd entwickeln.

Skorpion – 23. Oktober bis 22. November

Die Skorpion-Reiterin
Du bist eine ungemein starke und energische Reiterin. Dabei stellst du hohe Ansprüche an dich selbst und andere, bist zielstrebig, mutig, zuverlässig – eine Kämpfernatur. Für dein Leben als Reiterin kann das ebenso positive wie negative Konsequenzen haben. Falls du dich auf Turniererfolge versteifst, könnte es dazu führen, daß du Pferde überanstrengst und mit eiserner Strenge zum Sieg führst. Verliebst du dich aber in ein Pferd, so hängst du mit aller Leidenschaft an ihm und wirst dein Bestes tun, es glücklich zu machen. Neuen Entwicklungen in der Reiterei stehst du interessiert und positiv gegenüber – und wenn du dich für eine Sache engagierst, wirst du alle Möglichkeiten ausschöpfen, um Veränderungen durchzusetzen.

Das Skorpion-Pferd
Es ist willensstark und intelligent, ausdauernd und mutig. Es braucht aber eine überlegte und konsequente Erziehung, um diese guten Eigenschaften in die richtigen Bahnen zu lenken. Wenn es dich respektiert, könnt ihr in jeder erdenklichen Reitsportdisziplin erfolgreich sein. Falls nicht, findest du dich wahrscheinlich am Ende jedes Rittes auf dem Boden wieder!

Schütze – 23. November bis 20. Dezember

Die Schütze-Reiterin
Du bist eine unbeschwerte und couragierte Reiterin, die gern etwas Neues ausprobiert. Neue Reitweisen, Ritte ins Blaue und ungewöhnliche Reiterreisen reizen dich ebenso, wie ein komplizierter Springparcours. Manchmal schießt du allerdings etwas über das Ziel hinaus und gehst unnötige Risiken ein. Dein Lieblingspferd magst du von Herzen gern und bist immer bereit, dich für seine artgerechte Haltung einzusetzen, ihm Auslauf auf der Weide zu ermöglichen und sein Spiel mit anderen Pferden zu beobachten. Allerdings solltest du darauf achten, daß bei all dem deine regelmäßigen Pflichten nicht auf der Strecke bleiben.

Das Schütze-Pferd
Es ist ein typischer Spätentwickler. Oft zeigt es noch als Vierjähriger ein Fohlengesicht und verhält sich kindisch vertrauensvoll und lebhaft. Außerdem liebt es Ausritte mit Abenteuercharakter und baut gerne ein paar Hupfer in seinen Galopp ein. Du wirst viel Spaß mit ihm haben, solange du es liebevoll lenkst und sein Vertrauen nicht enttäuschst.

Steinbock –
21. Dezember bis 19. Januar

Die Steinbock-Reiterin
Du bist eine begeisterte Reiterin, die viel Wert auf die Anerkennung von Reitlehrer und Freunden legt. Daher möchtest du auch im Turniersport gerne glänzen. Dabei liegen dir die konventionellen Disziplinen wie Springen und Vielseitigkeit eher, als „alternative" Reitsportkonkurrenzen wie etwa Distanzreiten. Manchmal neigst du bei Turnieren zu übermäßiger Strenge und Unnachgiebigkeit – später tut dir das dann leid. Dabei merkt dein Pferd genau, ob deine Stärke und Sicherheit nur gespielt sind. Es erkennt Unsicherheiten und nutzt sie aus. Doch ein Begrüßungswiehern deines Pferdes ist dir allemal mehr wert als jede Turnierschleife!

Das Steinbock-Pferd
Es ist willig und arbeitsam. Es möchte seinen Reiter unbedingt zufriedenstellen. Wenn ihm das nicht gelingt, wird es zunächst unglücklich, dann mißtrauisch und argwöhnisch. Du mußt es also mit viel Liebe erziehen und ihm klare Anweisungen geben. Dann wird es ein zuverlässiger, sicherer Partner.

Wassermann –
20. Januar bis 18. Februar

Die Wassermann-Reiterin
Du bist eine sichere, ruhige Reiterin, meist sanft und vernünftig im Umgang mit den Pferden. Ohne Furcht davor, was die anderen dazu sagen, erprobst du neue Wege der Pferdehaltung und Reiterei. Die unkonventionelle Art, mit deinem Lieblingspferd umzugehen, bringt dir oft den Tadel ein, du ließest ihm zu viel durchgehen. Dich hingegen bringt dein starkes Gerechtigkeitsgefühl schnell gegen Menschen auf, die ihre Pferde streng und grausam behandeln. Du versuchst, daran etwas zu ändern, indem du dich zum Beispiel im Tierschutz engagierst, und kannst damit auch erfolgreich sein. Manchmal fehlt es dir jedoch an Geduld und Ausdauer für die langen Kämpfe, die den meisten Veränderungen vorausgehen.

Das Wassermann-Pferd
Es ist meist liebenswürdig, fleißig und lernwillig – zumindest so lange, wie man es mit Geduld und Liebe erzieht. Auf Härte und Strenge reagiert es jedoch mit einer ausgeprägten Verweigerungshaltung. Richtig behandelt ist das Wassermann-Pferd ein guter Freund, der selbständig mitarbeitet und seinen Reiter oft durch besondere Leistungen erfreut.

Fische –
19. Februar bis 20. März

Die Fische-Reiterin
Du hast sehr viel Spaß mit deinem Lieblingspferd, gehst liebevoll mit ihm um und verwöhnst es mit Begeisterung. Vielleicht hast du ihm sogar schon mal ein Gedicht geschrieben? Disziplin und ernsthafte Arbeit liegen dir dagegen nicht so sehr. Wenn du dein Pferd auf einem Turnier reitest, dann nur, um allen Leuten zu zeigen, wie erfolgreich und schön dein Pferd ist. Tauchen dabei allerdings Schwierigkeiten auf, so gibst du schnell auf. Dein starkes Bedürfnis nach Harmonie hindert dich daran, dich durchzusetzen und Gehorsam zu erzwingen. Deine Gutmütigkeit und Hilfsbereitschaft haben sich im Reitstall bereits rumgesprochen – sicher hast du dort schon viele Freunde gefunden, aber laß dich nicht ausnutzen!

Das Fische-Pferd
Es neigt zur Unsicherheit und braucht besonders viel Lob und Aufmerksamkeit, um seine Fähigkeiten entwickeln zu können. Wenn du es schaffst, ihm deine Liebe und Zuwendung zu vermitteln, wird es alles tun, um dich zufriedenzustellen. Es wird dann zu einem sensiblen und extrem leichttrittigen Reitpferd.

Stay horsy!

Das Leben kann einfach super sein, besonders auf dem Rücken eures Lieblingspferdes. Trotzdem können immer mal wieder Schwierigkeiten und Probleme auftauchen. Laßt euch dadurch aber nicht runter ziehen! Es gibt für alles eine Lösung, und wir helfen euch gern, sie zu finden.

Habt ihr Lust, uns zu schreiben? Wir freuen uns über eure Meinungen zu diesem Buch, eure Wünsche und Fragen.

Hier unsere Adresse:

Kosmos Verlag
Stichwort
„Powerbook"
Postfach 10 60 11
70049 Stuttgart

Bis dahin: Stay horsy!

Folgenden Personen und Institutionen danken wir für ihre freundliche Unterstützung bei der Erstellung der Atelierfotos:
Eurostar, Mönchengladbach;
Christine Reichert, Untertalheim (Visagistin);
Reitsport am Eck, Stuttgart;
Reitsport am Kräherwald, Stuttgart;
Maja Schmidt (Model);
Gesa Weymann (Model).
Wir danken dem Kosmetikstudio Koch für die Bereitstellung der Schminkutensilien.

Umschlaggestaltung: Atelier Reichert, Stuttgart, unter Verwendung von fünf Farbfotos von Ralf Roppelt (U1 rechts, U4 oben links beide), Sabine Stuewer (U1 unten links) und Edgar Schöpal (U4 unten rechts).

Die Deutsche Bibliothek - CIP-Einheitsaufnahme

Powerbook für Mädchen. Pferde.
Christiane Gohl.-
Stuttgart: Franckh-Kosmos, 1997
ISBN 3-440-07377-7
NE. Gohl, Christiane

© 1997, Franckh-Kosmos Verlags-GmbH & Co., Stuttgart
Alle Rechte vorbehalten
ISBN 3-440-07377-7
Lektorat: Claudia Schuller, Ellen von Döring
Printed in Italy, Imprimé en Italie
Graphische Konzeption:
Gisela Dürr, München
Satz, Layout und Herstellung:
Die Herstellung, Stuttgart
Reproduktion: Repro Schmid, Stuttgart
Druck und Bindung:
Printer Trento S.p.l., Trento

Alle Angaben in diesem Buch sind sorgfältig erwogen und geprüft. Aber Wissen entwickelt sich weiter, und Pferde sind lebendige Wesen und kräftige Tiere, auf die sich jeder, der mit ihnen umgeht, individuell einstellen muß. Eine Haftung der Autorin oder des Verlags für etwaige Personen-, Sach- und Vermögensschäden ist deshalb ausgeschlossen. Auch Gesetze müssen im Umgang mit Pferden, bei ihrer Haltung und im Reitsport beachtet werden.
Einige der abgebildeten Personen auf den Fotos dieses Buches tragen keine Reitkappe. Wir möchten aber ausdrücklich darauf hinweisen, daß eine Reitkappe, die allen Sicherheitsnormen entspricht, möglichst getragen werden sollte und in vielen Fällen sogar Pflicht ist.

Mit 209 Farbfotos von:
Petr Blaha (3, 10 u., 12 o., 16, 17 u., 20 o. l. + zw. v. u., 22 M., 22/23 o., 24 u., 25 u., 28 o., 31 r., 34, 42 o. l., 45 o. r. + M. beide, 49 o. r., 57 o. r., 61 M. l., 66 u. l., 68, 71 u. r., 79 M. + r., 85, 87 r., 89 o. + M. l.); Christiane Gohl (41 M.); Hans Kuczka (9 l., 44 o., 54 l., 82 o., 87 M.); Foto Kusemeier (53 M.); Lothar Lenz (4 zw. v. o., 5 o., 8 o., 9 r., 12 u., 13 o., 19 u., 26 grosses Foto, 28 zw. v. o. + zw. v. u., 29 zw. v. l. + zw. v. r. + r., 30 o. + zw. v. o. + u., 31 l. + zw. v. l., 48 u. l., 61 M. r., 70 u., 71 zw. v. o. + u. l., 79 o., 80, 81 o., 83 o., 86 u., 88 alle, 89 r.); Ulla Rafail (4 o., 5 M., 7 großes Foto, 8 r., 10 o., 11 alle, 13 u., 15, 20 o. r., 31 zw. v. r., 46 großes Foto, 54 o., 55 o. beide, 61 o. + r. u., 62 o., 63 o., 64 u., 78, 79 u., 81 u.); Angelika Schmelzer (14, 19 l., 27, 43 o. r., 48 M., 50 M., 51, 52 M., 60, 64 o., 71 o. r. + zw. v. u. r., 82 M., 94); Edgar R. Schöpal (5 u., 6 l., 28 u., 30 zw. v. u., 41 o. l., 55 u., 62 M., 63 r., 71 o. l. + o. M., 83 u., 86 M. l. + M. r.); Sabine Stuewer (29 l., 39 M. r., 46 u., 48 r., 49 l., 50 o., 52 o. + u., 54 u. r., 62 u. r., 65, 67, 70 o., 71 dr. v. o. + u. M., 84 r. o. + r. u., 86 M., 87 o. l.); Wolfgang Willner (66 u. r.). Alle anderen Fotos: Ralf Roppelt, Stuttgart.